洪三雄與陳玲玉的感恩與省思

也追憶似水年華

永不中斷的追尋 從台大到台灣

〈推薦序〉

年華似水，腳印斑斑

吳念眞

若非「三一九鄉鎮兒童藝術工程」的緣分，和洪三雄、陳玲玉這對有名的「神鵰俠侶」，或許不會有任何交會的機緣吧？

第一次和這兩個人近距離接觸是紙風車基金會執行長李永豐設的局。那是「三一九鄉鎮兒童藝術工程」計畫最艱困的時期。

當初，一群人只憑著莽撞的熱情所激發的「讓全台灣的孩子走向藝術的第一哩路，讓全台灣的孩子都能看到國家劇院級的演出」的構想，走過一段時間之後，發現經費的募集並非我們當初所想的那麼順利，眼見不久之後將有斷炊的可能。

有一天，李永豐邀集我們幾個最初的發起人見面，說他已經約到了洪三雄和陳玲玉，希望我們能撥空和他們見個面、做個簡報。

李永豐說：「洪董仔不一樣啦，他莊腳囝仔出身，應該比誰都理解莊腳囝仔的心和他們的需要……」然而，任誰也都聽得出他那種心虛到有點尷尬的語氣。

這樣說也許不敬。但……初見面的感覺是這對夫妻還真的很「莊腳」，沒有印象裡某些專業名人的身段和「架勢」，尤其是洪三雄的臉孔加上台灣腔十足的語氣，好像一下子就把彼此之間的軌道距離給拉近了。

記得洪三雄先從孩提時代在故鄉「北斗」的生活記憶說起，慢慢說到他在台大（同期同學簡直就是台灣政治、財經和法界的名人錄）和陳玲玉認識、交往的經過，然後說到一九七〇年代初期他們曾經在校園裡掀起的那場學生運動。

他們倆說得平淡，我卻聽得激動，因為若非他們提起，我實在無法把那個年代令我記憶深刻的某些衝擊和眼前這兩個人連結在一起。

一九六九年在失學兩年之後，我考上了私立的延平補校高中部普通科，開始了往後包括大學在內八年白天上班、夜晚上課半工半讀的求學生涯。好像是高二上學期開始，有其他班級或其他科（當時延平補校有普通科、電子科和商科）的朋友陸續分享一些讀物，其中印象深刻的是《大學雜誌》，以及印刷和美工都很簡陋的台大學生刊物，《台大法言》和《大學新聞》。

記得這些東西傳到我手上的時候大部分都已經過期了，有些甚至折痕滿佈、字跡斑駁，但我還是讀得津津有味。主要原因是裡頭的內容或議題對我來說，好像都是一種「啟蒙」，因為那些東西我從沒接觸過，更甭說「思考」。另一個原因是忽然警覺到：寫這些東西的大學生應該沒大我幾歲吧，為什麼他們的文筆可以這麼好？而且，他們怎麼會想到這麼多我從沒想過、甚至看不懂的問題？還有，他們怎麼敢在學生刊物中那麼尖銳、直接衝撞學校甚至政府當局？

然後，也是在那個夜晚我才知道，陳玲玉律師竟然是當年我們經常傳閱的那份學生刊物《台大法言》的主要負責人。並且在補讀一些書籍和資料之後，才後知後覺地發現在那個年代裡曾經掀起狂濤，並且對往後影響深遠的那次台大校園學生運動中，這對夫妻原來都是「禍首」之一。然而，這段對我來說應該極具時代意義和影響力的經歷，在這本書中卻只在前面幾個章節輕輕帶過。

最初，我並不理解真正的原因是什麼？是學生運動已經成為顯學的這個當下，當年曾經的「階段性任務」並沒有重提的必要？或者和生命歷程中所曾經過的種種比較起來，年輕時代的這段往事已無足輕重了？我想問的是：在那個肅殺的年代裡，敢在校園裡向威權挑戰的兩個年輕人，為何卻在之後風起雲湧的政治運動中失去蹤影？

後來發現，這樣的疑惑其實都在這本書裡得到答案，而這個屬於他們倆的心路歷程或許就是這本書最重要，也是他們最想讓我們明瞭的部分吧？

這一對在年輕的時代就已經歷對政府的抗爭，以經驗、知識、專業和良知看清問題本質和根本解決方式的夫妻，想和我們分享的是他們之後的決定和選擇。

那是另一種既不譁眾甚至不一定被認同的途徑——他們以自己的專業開創資源，並且把這些資源有效地運用在他們覺得急迫並且必要的所在，對象或許是個人、團體、地區甚至單純地只是一個美好的夢想。

他們娓娓敘述著過往的經歷，但卻讓我們隱約地感受到另一種改革或改變的可行方式：行動抗爭是一時的手段，目的的達成則是需要感同身受的理解、志同道合的伙伴、長久不懈的關注和奉獻，如果能有效地集中這些力量去實現一個願望，其實是另一種更強大的抗爭。

也許是對他們倆的生命歷程已經有了初步的認識和理解，因此在讀完全書之後忽然覺得這個書名似乎過於自謙了。老實說，每個人都有自己過往的年華可以追憶，但讓人在意的是他們在生命過程裡，每一個不同階段曾經的抉擇，因為某些抉擇在當下的時代氛圍和狀態裡，似乎都值得我們參考和深思。

〈推薦序〉

我看到兩個永遠的青年！

南方朔

一九七〇年代是台灣進入狂飆年代之始，一代代戰後成長的青年，懷著滿腔的公義和理想，衝決羅網，要打造一個更美好的社會。

我適逢其會，那個時候恰是台北這個杜鵑花城的學生，參與了學生及知識青年的政治及社會改革運動，後來又從事新聞工作及評論寫作，雖然並非無役不與，但至少從一九七〇到二〇一〇年代，這四十年台灣變化的軌跡我都了然於胸。我閱人多矣，看著人起人落，有的乍領風騷，但很快就已衰老，失去了理想；有些命運坎坷，飽經迫害，抑鬱而終。這些江山人物，有的亦師亦友，有的曾是夥伴，但卻成為批判的對手，它是令人興奮但也讓人苦澀的一本人生帳目，將伴我一生。

而在這麼多江山人物裡，洪三雄及陳玲玉這一對賢伉儷，卻無疑是最特殊的兩個人，在當年他們一個是「法代會」主席，一個是「法代會」秘書長，他們對自由主義的理念相當堅持，批判的火力極強，是那個時候「異議學生」的頭頭，也被列為主要的「問題學生」，特別受到注意和限制，甚至斷送了去日本唸書深造的機會。但有為的青年是不可能壓制得住的，洪三雄和陳玲玉在惡劣的環境下逆流向上，到了今天，洪三雄已成了台灣知名的金融家，陳玲玉則是百大律師，可說是典型的人生勝利組，他們家的石墨文物蒐藏也極著名，是極為成功的蒐藏家。

而最令人訝異的，就是洪三雄及陳玲玉儘管是人生勝利，而且是那種頂級的勝利，但他們並未因此即告衰老保守，他們年輕時的理想從未失去。打抱不平、對國家社會仍有理想的那顆心靈仍然常在。在台灣有很多後起的青年菁英，都受到他們的鼓勵和支持。

在現代偉大的法律人裡，我一向崇敬以前的美國最高法院大法官小赫姆斯（Oliver Wendell Holmes Jr）。

小赫姆斯是個進步的法律人，一向主張法律應該與時俱進，他是個「偉大的異議者」，主張人生在世，就應該永保那顆年輕的心，他自己活到九十四歲，對美國法律的進步貢獻極大。對美國言論自由影響至鉅的「立即且明顯的危險」原則，即他首倡。他認為一種意見除非造成明顯而立即的危險或傷害，都不宜判定它為有罪。國安會前秘書長金溥聰告我毀損名譽，我在地院及高院就以小赫姆斯的法律見解辯說，金溥聰提告兩敗。

小赫姆斯還有一句名言，他說過：「一個七十歲的青年，優於四十歲的老人！」他自己到了七、八、九十歲，心靈上仍然年輕，改革的動力尚未停歇。心靈的年輕、理想的持續非常重要，別人講這樣的話，大概很難打動人心，只有小赫姆斯以自己的人生作為證明，他才有資格講這樣的話。

所以每當我重新讀到他的這句名言時，心中總是會浮現出洪三雄和陳玲玉的影像。洪三雄和陳玲玉這兩個台大法律人，真的很像他們的美國前輩，他們都永遠年輕，永遠懷有理想，永遠激進。他們並沒有因為人生勝利就告老去和變成守舊。

我們離開大學已經匆匆四十寒暑，經過四十年的淘洗，我自己歷盡風霜，多受挫折，但那顆滿懷熱血的希望之心，卻從未冷卻。我是個不會老的永遠青年，永遠的激進派。在過去那麼長的時間裡，雖然工作的領域不同，但和洪三雄及陳玲玉始終保持聯繫，時相存問，時相互勉。得以有洪三雄、陳玲玉這樣的朋友及夥伴，是我的幸運。台灣有洪三雄和陳玲玉這樣的永遠青年，也是台灣的幸運。

這次洪三雄和陳玲玉合寫了這本書，它既是私房小傳，也可算是他們的師友錄，讀過之後，真是感觸極多，過去的許多記憶又重回心頭。如果勉強作結，我想到的就是，這是本兩個不老青年的心靈自述。

英國文豪蕭伯納曾說過：「青年的好處，乃是他們在警告老人，讓他們永遠跟上時代！」在這本書裡，我讀到了這樣的人，也祝福他們成為六十歲、七十歲，甚至更老的青年！

〈推薦序〉

我所不認識的玲玉與三雄

趨勢科技共同創辦人暨文化長　陳怡蓁

我們很熟，很親，都出身南投集集的陳家。論輩份，我必須稱呼玲玉的爸爸「土根哥哥」，因此我是大我五歲的玲玉的姑姑。當然玲玉從來不會叫我姑姑。

玲玉從小成績優秀、口才傑出，還是珠算神童。我小學時和哥哥騎腳踏車上學，車子先寄放她家，然後走一小段路去中師附小。有時放學去牽車，碰到穿著台中女中綠制服的玲玉，剎時間氣氛就活潑起來。她彈鋼琴或講故事給我們聽，她的弟弟妹妹也都圍過來，我眼中的大姊頭總是發亮發光，我和哥哥都很崇拜她。

她是家中的榮耀，三千寵愛繫一身。考上台大法律系，土根哥哥為此轉職國泰人壽，舉家遷居台北。那時我也北上求學，讀金華國中，跟著祖父母住在麗水街。兩家依舊往返親密，卻很少見到台大的玲玉。偶爾會聽到長輩輕聲談論：「玲玉在搞學生運動，她爸媽很煩惱啊！」我是單純而封閉的中學生，只會為聯考而煩惱，玲玉的世界離我很遠很遠。

後來我也進了台大，抱著洋書走在椰林大道上，陳玲玉和洪三雄已經變成一則禁忌的神話。台大哲學系事件殷鑑不遠（剛過一年），文學院的學生都變得很乖很安靜，家長一再叮嚀「不准碰政治」。我的大學四年，校園裡平靜無波。我隱約知道玲玉似乎和哲學系事件有牽連，但在「囝仔人有耳無嘴」的文化下，並不敢多問。

之後我出國留學，結婚生子，聽說優秀的玲玉並未走上這條「來來來，來台大，去去去，去美國」的普通道路，卻在台灣法律界大名鼎鼎。

一九八三年我回國後在天下雜誌任職編輯，適逢天下雜誌力邀本土作家出書，於是和玲玉有了一段嶄新的出版情緣。每次去第一聯合律師事務所和她開會，會議室門一開，陽光就照進來了，她熱情爽朗，滔滔不絕。作為她的編輯很輕鬆，她永遠比預期早交稿，而且都已打字校正完備，連小標都定好了。可惜那本「企業與法律」已經絕版。我只記得她用流利的文筆，談了很多法律實務與例證。

後來她出版了《家門》一書，溫馨感人地記述自己的成長和家人，卻仍未解開我心中的「學運女神」謎團。三雄介紹自己的骨董收藏神采飛揚，提到當年陪伴女兒出國讀書面有得色，但是幾乎絕口不提當年學運勇。

這次有幸受邀為三雄和玲玉合著的《也追憶似水年華》作序，先睹為快。我捧著印在雙面A4紙上的書稿，從柯P該認識的三位台大人（殷海光，陳文成，南方朔）講起，夫妻分別表述一九七〇年代他們所投身的學生運動、所受到的白色恐怖威脅、所滋生的同志愛情，以及如今各自在職場的努力、公益事業的投入、永誌不變的高潔情操。

隨著他們的真情告白，我的心情起伏跌宕，熱淚盈眶。那是我所不認識的三雄和玲玉！如今他們各自是法律與金融界的翹楚，我們看得見他們的風雅成功，卻看不見背後養成他們的力量，也看不見時代在他們身上刻下的痕跡。通常當人功成名就之後，就戴上了社會所賦予的假面，不願揭露當年創傷。這對革命鴛鴦，卻在追憶當中，除了娓娓道出大學時代的風起雲湧，也反省自己的孟浪衝動。真誠坦白，毫不掩飾，讓我以及所有讀者有機會認識素顏直心的他們。更重要的是，認識那個年代，以及台灣學生運動的軌跡。

他們當年善於擘維籌畫的智慧、堅持追求理想的仁義之心，以及敢於衝撞體制的勇氣，雖然在威權高漲下有如曇花一現，各自受傷慘重，但是他們走過的崎嶇道路、開墾過的荒山野地，在幾經湮滅之後，終於還是牽引著社會的脈動，指向民主的康莊大道。看如今，台灣的言論自由竟已到了氾濫的地步，應是當初為爭取大學生的發言權而身心受創的他們所始料未及。在他們的書中，也不免看出惆悵與遲疑。他們未曾居功，也不曾沾沾自喜，卻帶著深深的省思，更足為當今學運者的典範。

我尤其喜歡第七章〈革命情緣〉，阮囊羞澀的三雄不敢發動攻勢，「少女情懷不是詩」的玲玉只好公車表白。後來一個在軍中，一個在病中，兩地相思書信傳真心，終於在向父母交出「不碰政治」的保證下，兩人永結同心，開啟他們「女主外男主內」的新好婚姻模式。說不浪漫，其實最是浪漫，因為他們同心協力，追求人生的理想，不離不棄，無怨無悔。在他們心中，「一直住著那個十九歲的女孩與二十歲的男孩」，初心不改，難怪能夠幸福和樂。這樣的情緣，特別動人。

感謝玲玉和三雄願意分享他們的奇特經歷與內心世界，讓我重新認識了原以為熟識的他們，也解開了我心中多年的謎團。

從熟識到不認識，再到重新認識，我想為他們按下一千個讚！

〈作者序〉

那兩年禁忌的青春

洪三雄、陳玲玉

「似水年華」，何須追憶？

其實，生命的每一個時刻，都無法停格。正如古語所謂：「逝者如斯夫，不捨晝夜。」我們只能不斷往前追尋。

但是，我倆曾經在台大椰林大道上，來去不止百回。每一次仰望蒼穹，片片雲彩來了又走，走了又來，任誰都無法私擁片段，卻總難掩雲彩的繽紛。

一九七〇到一九七二那兩年，正是「風聲、雨聲、讀書聲，聲聲入耳；家事、國事、天下事，事事關心」的飄搖時代。我們在杜鵑花城燃起烽火的青澀歲月，就像天邊多姿的片片雲彩，有吶喊、有主張；有筆戰、有行動；有歡笑、更有苦痛。是的，就在那威權時局裡，我們曾經譜出了禁忌的青春。

那兩年，早已匆匆走過，但患難中真情的濡染，永遠揮之不去。那是因為，其中充滿了許許多多與世俗不一樣的親情、友情、愛情和師生情，迄今溫暖我心。感念之餘，更覺應該分享，這就是本書問世的初衷。

青春的衝撞，也許不盡人意。在那兩年苦難的環境中，我們敢於對主政者「不服從」、對當權者挺身反抗。也許不識時務、不知好歹。然而，知其不可為而為之，畢竟需要無比的勇氣和意志；也唯有無私、無我的同志集結，才能共同譜出反抗的青春。這層意義，才是我倆想要傳遞的。

歷史留不住，唯一能做的就是不要忘記。

因此，我們毅然回首那兩年禁忌的青春，將所見、所聞、所思、所感記錄下來。因那兩年而延伸的相關時空裡的種種，也一併言及。我們無非希望，在歷史的鏡子裡，大家可以看到人性的晦暗與光輝、政治的狡詐與磊落、學術的醜陋與良知，藉以省思過去、面對現在、展望未來。

半世紀以來，台灣人們對於自由、民主、安和、樂利的追求，始終沒有停過腳步。歷史告訴我們，唯有前人奮鬥開創的美好瞬間，才能累積今日你我生存的養分。因此，本書的重點，不在強調或沉醉已逝去的歲月，而是對於前人所做的努力與奉獻，聊表尊敬與感激的心意。

台灣的社會近年來起了很大的變化。太陽花學運、無核家園、軍中人權、兩岸情結，在在挑動了世代正義的敏感神經。時代不同，人們的需要與視野自然有異，但面對總是不完美的社會，「求變、求好、求是」的歷史啟迪卻永遠不變，需要我們大家永不中斷的追尋。

我們深信，只要活在理想的追尋之中，人生必將充滿希望與幸福。願藉此祝福讀者，都能有個現在值得追尋、未來值得追憶的人生。

走筆至此，心中響起一首英文老歌〈昨日重現〉（*Yesterday Once More*）。那是我們大學時期流行的旋律，其中的歌詞，對一路攜手走來的我倆而言，此刻最是貼切：

Those were such happy times	那是一段愉快的時光
And not so long ago	就在不久以前
How I wondered where they'd gone	教人懷念它的去處
But they're back again	如今它又重回身邊
Just like a long lost friend	宛如故友重逢
All my best memories	盡是美好回憶
Come back clearly to me	歷歷如繪呈現眼前

Some can even make me cry　有些使我淚眼婆娑
Just like before　就像從前一樣
It's yesterday once more.　似乎昨日重現

讓「昨日重現」的最大功臣是本書的撰文者陳玉華，沒有她的慫恿和推波，不會有這本書的問世。圓神出版社的社長簡志忠，親自審閱、全力協助，功不可沒。台大學運老友南方朔（知名政論家）、紙風車老戰友吳念真（藝文界大老）、亦親亦友的陳怡蓁（趨勢科技共同創辦人暨文化長）百忙中賜序，隆情厚誼豈能言宣。還有許多熱心相助的朋友，不及一一列名，謹此一併致謝。

第一回

素胚柯文哲的三堂課

辦公室門一打開，穿著鬆垮垮的夾克，柯文哲推著眼鏡走進來，我心頭一怔，這個人，一元垂垂（台語），要怎樣選市長？

第二回

冬夜裡的一把火

那一夜，寒流來襲，更冷的是，台美斷交引發的政治風暴，國民黨隨即宣布「中止選舉」。我們衝出屋子，在院子升火，抖著手，把一頁頁的文件，一張一張照片，投入火焰……

第三回

敲響自由、民主的鐘聲

第一場座談會，原訂九點半，但直到深夜十點才結束。帶著興奮與忐忑回到宿舍，剛洗完澡在床上躺下，門鈴大作……

第四回

可敬的冤仇人，半世紀後的墓誌銘

終有一天，我要前往聖荷西的墓園，靜靜看、細細讀，碑上熟悉的生平略述。
躺在這裡的訓導長，他在我台大畢業後一個月，記我一支大過；
三十幾年後，卻在臨終指定我為他撰寫墓誌銘……

第七回

革命情緣

人在病痛中的無助與掛念，何等沉重。面對他的請託，怎能開口說不？
也因為好友病榻的託付，牽起了我和洪三雄一輩子的革命情緣。

第八回

學運經營學

那時候，一部頂級彩色電視機可以買兩間西門町小套房，我和陳玲玉坐在林挺生董事長辦公室的沙發忐忑等待，心中暗自盤算著，今天一定要，一定要拗到一部大同彩色電視，才能回去。

第九回

朋友與事業

「二十二歲的妳，做了這件事，我稱之為『俠氣』。是妳的『俠氣』，玲玉，救了妳這本該令人討厭的模範生，被朋友們所愛。」

好友龍應台在我的《家門》書中，寫了這一段「模範生啟示錄」。每次讀，總有「會心處不必在遠」的感覺。

第十回
永不中斷的追尋

兩個憤青，在金融與法律的道路上，找到奮鬥的缺口，縱身投入。
雖然政治改革的初衷依然，但我倆自知，舞台已不在那裡。
儘管時光飛逝，但青春與夢想還在。
我們常捫心自問：「今後，還能為台灣做些什麼？」

寫在「第一回」之前

那一年相遇，
洪三雄二十歲，陳玲玉十九歲，
從此，兩人形影不離，共擁一個人生，
「似水年華」因此須由兩個人一起述說。
洪三雄說的，用黑色字體。
陳玲玉講的，用棕色字體。
現在，就請您翻閱我倆的生命樂章。

第一回

素胚柯文哲的三堂課

辦公室門一打開，穿著鬆垮垮的夾克，柯文哲推著眼鏡走進來，我心頭一怔，這個人，一元垂垂（台語），要怎樣選市長？

柯P第一堂課：怪胎醫生選市長，粗話總監教禮儀

第一次注意到柯文哲這個人，是當年陳水扁總統的女婿趙建銘涉入台開內線交易案，我在報紙上看到柯文哲抨擊台大醫院「在權勢之前矮了身子，失了志氣」，當下直覺，這傢伙真是敢言。

再一次看到他，就是在我的辦公室。

二〇一四年初春，民進黨台北市議員顏聖冠打電話來，說要帶一個人來見我。門一打開，我看到柯文哲。他跟顏聖冠說：「洪三雄從早期的學運分子變成經商有成的人士，是一個有趣的傳奇人物，我想去拜訪。」

雖然十分關心政治，但我自認為是政治局外人，沒想到會跟柯文哲會面。我覺得他沒有政治人物的語言，也沒有政治姿態，更沒有政黨色彩，精確來講，他是一個「政治素胚」。

「這樣的人真的可以選嗎？」我心中有很大的懷疑。

但，他堅毅地跟我講，他想用公民的力量去改變這場選舉，透過無黨派色彩的參

政，來改變台北。這種理念和勇氣感動了我。我當下允諾幫忙。

看他離去的背影，眼前突然冒出一九七〇年代搞學運的自己，那是一種很遙遠又貼近的畫面，直覺就是「青瞑牛，不怕槍」。

送走柯文哲後，我立即打電話給李永豐，告訴他：「美國仔，這椿代誌，你鬥處理一下（台語）。」

李永豐是紙風車基金會執行長，綽號「美國仔」。個性瘋狂，執行力超強。

一九九五年在總統府凱道前的封街飆舞，解放政治空間，二〇〇〇年正副總統就職典禮，二〇一〇年台北花博等台灣近二十年來的大型群眾活動，都出自他手中策畫。

我跟李永豐因為發起「紙風車三一九、三六八鄉村市區兒童藝術工程」而結識。這個活動自二〇〇六年啟動，不接受政府補助，免費下鄉演戲給小孩子看，至今持續九年，演出場次近五五〇場，已經成為台灣最大的新文化運動。

畢業於台北藝術大學的李永豐，辦活動一流，也是資深的戲劇編導，深諳肢體語言與人際溝通的眉角。

「把柯P交給他雕塑，準沒錯。」我這麼想。

我放下電話沒多久，又不免忐忑。「把柯P交給出口成髒的李永豐，妥當嗎？」

「幹，你不會把看版挪過來一下……這樣怎麼看得到？」

認識李永豐的人，都知道他沒有台灣國罵的問候語是開不了口的。他曾說，他在嘉義布袋養魚塭的爸爸，台灣式的國罵可以九個字連貫不跳針，他只能達到五個字連珠砲，段數很低。

跟李永豐接觸過的人，都知道他雖然粗口不斷，外表野獷，內心卻無比細膩。

五十四歲的柯P是走出急診室的狂人醫生，李永豐是宛如黑道老大的藝術總監。我心中暗忖：「怪醫VS.瘋人，這兩個怪胎碰在一起，會迸出什麼火花？」

「走進菜市場拜票，對兩種人一定要蹲下來握手，一種是坐輪椅的人，另一種是小孩子。」李永豐給柯文哲上的肢體課，從菜市場講起。李永豐強調，政治人物的肢體展現，攸關民眾對他的第一印象，親切、關懷、與民眾站在一起的貼近感，是一定要具備的。

柯文哲第一次去紙風車上肢體課，開門見山就坦承：「我的確不太會打招呼，因為我在台大醫院面對的，都是不會動的重症病患。和一般大眾眼神交會與肢體碰觸，我都不懂。況且，我就是典型的亞斯伯格症，常常會陷入自己的世界。」

柯文哲一看到李永豐「台罵式」的開場白，也疑惑地抬頭問幕僚：「這真的是要幫我上課的禮儀老師嗎？」

許多人都好奇，不修邊幅、不按理出牌的柯文哲，要怎麼學禮儀？

李永豐認為，政治人物最需要的是群眾魅力。所謂魅力，不是硬掰、搔首弄姿，而是由內心散發出自信心，相信自己可以帶領民眾走出困境，迎向新局。因此，政治人物先要說服自己，「我可以的，我做得到。」帶著這樣的信念與姿態，自然可以吸引民眾的目光，和跟隨而來的腳步。

除了建立自信、散發領袖魅力，李永豐也微調柯文哲僵硬的肢體語言。彎腰鞠躬要看到自己腳尖，跟男性與女性握手的力道不一樣，辯論會時視線要放在「黃金三角」橫掃，才會有全場環伺的立體感。

在某場募款餐會上，李永豐見柯文哲一進場就坐定餐桌，埋頭挾菜猛吃，他立刻提醒幕僚：「在車上要先拿包子或肉粽餵飽柯P，政治人物去參加募款餐會時，不是真的去吃飯，而是跟大家敬酒，應酬的。」

「你有過敏嗎？不要一直抓頭髮！這樣會讓人以為你心不在焉。」

「鼻毛要修，才清爽。」

「這件夾克太沒精神，要換掉。」

「懸在腰間的皮帶放低一點，才不會太像歐吉桑。」

每次在電視上看到柯文哲身影出現，李永豐的電話就撥進去，耳提面命一番。

有一回，李永豐陪柯文哲出席造勢晚會，柯文哲突然轉身跟媒體記者介紹李永豐：「你們記者一直問，我的禮儀課上得怎樣？介紹一下，這位，就是我的禮儀師……李永豐。」

擺脫記者後的李永豐，馬上衝入柯文哲車上糾正：「幹，恁爸是你的禮儀老師，不是禮～儀～師！」

「拜託你，話要出口，要先在腦袋內轉一下，OK？」

「禮儀師，你知道是什麼人嗎？那是幫往生者點胭脂的人。幹！」

就這樣，口無遮攔的教練與學生，進行三個多月、前所未有的瘋狂禮儀特訓班。

往後，不管在造勢晚會上，或是拜票活動中，我發現，柯文哲的身段真的與以往不同。跟民眾握手後，懂得再給個微笑，講話的眼神，也由犀利蛻變為柔潤。與其說，李永豐給柯文哲的肢體訓練有了效果，倒不如說，柯文哲是一個敞開心胸與態度的政治素胚，可以接受不同色彩的融入、不同行業的調教。

（左起）洪三雄、柯 P、李永豐

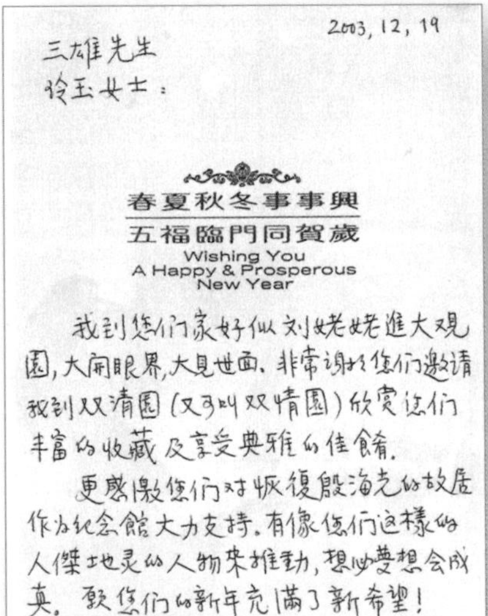

2003, 12, 19

三雄先生
玲玉女士：

春夏秋冬事事興
五福臨門同賀歲
Wishing You
A Happy & Prosperous
New Year

我到您们家好似刘姥姥進大观園，大開眼界，大見世面。非常謝謝您们邀請我到双清園（又可叫双情園）欣賞您们丰富的收藏及享受典雅的佳餚。

更感激您们对恢復殷海光的故居作為紀念館大力支持。有像您们這樣的人傑地灵的人物来推動，想必夢想会成真。愿您们的新年充满了新希望！

殷夏君璐敬贺

殷海光師母給洪三雄、陳玲玉的卡片

柯P第二堂課：台大兩大禁忌——從殷海光到陳文成

一九五九年出生的柯文哲小我十歲，台大醫學系畢業後，當年醫師國考第一名，也是把葉克膜引進台灣的關鍵人物。我在他身上看到外科醫生果決與專注的特性，但要當首都市長，恐怕還需要具備更多台灣史觀與人文關懷的特質。

我直覺如要幫他忙，就應該帶這個台大學弟，去認識三位他不熟的台大人：殷海光、陳文成、南方朔。

一九七〇年我就讀台大法律系三年級，正值風雨飄搖的年代，釣魚台風波、美中關係正常化、台灣退出聯合國，一波波時代巨浪迎面而來。我和陳玲玉先後擔任「台大法學院學生代表會」主席各一年，在校園帶動《台大法言》對抗學校的審稿制度，舉辦座談會，爭取自由、民主，也針對「萬年國會」發起「全面改選中央民意代表」的辯論會，比民進黨的呼籲，整整早了二十年。

這場一九七〇年代燃燒兩年的學生運動，引發國民黨隨後進行長達二十年的校園打壓，直到一九九〇年的野百合學運，才銜接起來。柯文哲一九七八年進入台大就讀，剛好是世代學運的「空窗期」。

殷海光一枝筆，對抗一個世代的黑暗

二〇一四年五月四日，特別選五四運動紀念日，我約柯文哲同訪台北市溫州街巷弄裡的殷海光故居，位於日治時期台北帝國大學的宿舍群，庭院植物濃綠蒼翠，玄關前白鶴芋亭亭搖曳，書房前羅漢松映著陽光高挺屹立，彷彿主人不曾離去。

這裡的主人，是已故台大哲學系教授殷海光，他與雷震、胡適等人共創《自由中國》雜誌，鼓吹民主、自由，啟迪社會良知。

殷海光曾與羅素、愛因思坦、海耶克等人對話，一輩子秉持「寧鳴而死，不默而生」的精神，以筆的力量，勇於對抗威權、批評時政。

他任教台大哲學系時，國民黨以殷海光言論帶有「毒素」，禁止他教課，也禁止他離開台灣，宿舍內的生活起居，受執政者二十四小時監視。殷海光一九六九年因胃癌過世，年僅五十。他的宿舍就此荒廢，直到二〇〇三年，被台北市政府列為市定古蹟，塵封多時的自由主義之門，才重新對外開啟。

殷海光去世的前一年，我進入台大。這位從未謀面的老師，卻是我人生自由思想的啟蒙者。

殷海光走了，遺留下知識份子的異議精神，到底要如何落實？二〇〇二年至今，我應邀出任殷海光基金會的董事，希望能略盡棉薄，傳承殷海光自由主義的精神，在台灣找到實踐的機會。

殷海光老師過世後，師母夏君璐於一九七一年隻身攜女赴美，先在華府幫傭謀生，又至餐館打工，辛苦養育小孩長大。生性樂觀、篤信基督的師母，對於命運捉弄，淡泊以待，晚年，她跟兒女致力在美國傳播福音。二〇〇三年她回台時，我特邀她到我收藏骨董的「雙清館」一遊，並與基金會董事們聚餐，事後她還俏皮地回信「自己好像劉姥姥進大觀園」。

二〇一三年底，殷師母夏君璐在美辭世，基金會同年十二月二十八日在台北故居幫師母舉辦追思會，現場意外出現了一名賓客，就是時任行政院長的江宜樺。他擔任台大政治系教授期間以自由主義信徒自居，也曾擔任過殷海光基金會董事（二〇〇五年～二〇〇九年）。

二〇〇六年紅衫軍倒扁時，江宜樺以教授身分主張：「政府的政策不是努力地跟你們溝通，而是以國家暴力要你們閉嘴、屈服，這樣的政府既不仁又不義，完全喪失統治的正當性。」對照當時的高亢神氣、正義凜然，此刻馬江體制顢頇無能、馬政府支持民調掉到剩下九％，江宜樺院長的出席，令眾人不可思議，追思會半途他就自行悄然離席。

看著江宜樺的背影，我想起殷海光教授的一句名言：「自古至今，容忍的總是老百姓，被容忍的總是統治者。」二〇一四年三月，馬政府與江內閣意欲強行通過〈海峽兩岸服務貿易協定〉，黑箱政治導致學生團體忍無可忍，闖入立法院，終於爆發台灣有史以來最具規模的太陽花學運。

三月太陽花學運後，我和陳玲玉於五月三日在殷海光基金會主講了「永無終點的理想之路：自由人權系列講座」，以「日正當中，太陽花開：學生運動與台灣的世代觀點」為講題，分享我們在七〇年代參與學運的種種。講堂就設在殷海光基金會小小的空間內，講者與聽者幾乎零距離的互相對視、討論熱烈。

演講會隔天，正逢五四週年，我和基金會董事長顏厥安陪柯文哲在殷海光故居的各房間駐足、穿梭。柯文哲仔細觀看殷海光的筆墨與文物，關切追問許多塵封的歷史。

窗外陽光燦爛，初夏的庭院繁花茂盛，柯文哲坐在庭院石椅上沉思，那是殷老師最喜歡的角落。

一個城市的世代又要展開，四十五年前殷海光以他的筆，來對抗一個世代的黑暗。身為新一代的首都執政者，要給人民帶來什麼樣的期待呢？

永不放棄：正義的追討，陳文成立碑事件

二〇一四年七月二日晚上，我約柯文哲來到台大校總區學生活動中心旁，也就是台大學生會發起、爭取命名為「陳文成博士紀念廣場」的所在地。

二〇一二年起，台大學生會在校務會議中不斷要求設立「陳文成事件紀念碑」，都被校方阻下。二〇一四年六月十四日，現任校長楊泮池主持的台大校務會議才同意廣場命名。在陳文成遇害三十三週年的晚上，一群台大師生與來賓舉辦追思紀念晚會，大家捧著燭光和一塊塊石頭，在現場大樹下，圍成一圈又一圈，象徵在真理與真相的路途，不畏艱難，永無止境的追求。

陳文成小我一歲，他就讀台大數學系時，我們從未相識。二〇一四年陳文成博士紀念基金會董事陳永興（曾任立法委員、現任羅東聖母醫院院長）打電話邀請我參加董事行列，我才開始跟這位無緣的台大校友接觸。

我和陳文成同樣成長於七〇年代中期，那是全球秩序大重整的時代，在台灣，卻是苦悶壓抑、白色恐怖的年代。

一九七八年陳文成獲聘任教於卡內基美隆大學。吸收西方民主自由風氣的他，關心並支持島內反對運動，公開為《美麗島》雜誌募款，寄回台灣給「美麗島雜誌」的

捐款支票，光明正大地寫了自己的姓名，孰料竟埋下日後殉難的殺機。

一九七九年年底，發生「美麗島事件」和大逮捕。隔年二月二十八日發生「林義雄家滅門血案」。再隔一年，一九八一年五月二十日陳文成攜妻子從美返台探親，他在七月二日一早被警總人員從家中帶走，翌日陳屍在台大研究生圖書館旁的草地上。那一年他才三十一歲。這樁血案，至今未破。

二〇一四年七月二日，參加晚會的台大數學系名譽教授楊維哲（曾任「台大哲學系事件調查小組」召集人）是陳文成的老師，他說，陳文成事件發生時，他剛好因大學聯考入闈。每年聯考又入闈時，想到這裡曾經沉冤莫白，躺著一個優秀的台灣年輕人，他就很痛苦。

燭光晚會現場，台大研究生協會會長戴瑋姍說：「命名陳文成紀念廣場，只是轉型正義中最卑微的要求。陳文成事件帶給台大的教訓與啟發，讓學弟妹更珍惜台灣現有的民主與自由。」

柯文哲當初來看我時，曾提到想跟年輕人多接觸，以深入瞭解世代傳承的意義。一樁三十三年破不了的血案，代表台灣的轉型正義路途仍坎坷，但相隔三十三年後，台大師生仍願共聚一堂，悼念逝者，並對執政者展開永不放棄的追討，這就是歷史與人性正義的世代傳承。

柯文哲既然選擇從政，當然就應該挺身做為「踐行轉型正義」的一員。

柯P第三堂課：執政者的烏鴉

本名王杏慶的評論家南方朔，是我四十幾年的老友。我們在台大衝撞搞學運時，他就讀台大森林研究所，和哲研所的王曉波是室友。王杏慶雖然不屬於陳玲玉和我這種「行動派」，但他的博學多聞與學術基礎，從學生時代至今，一直都備受我倆敬重。

王杏慶是我們那個時代的覺醒青年典範。七〇年代台灣退出聯合國，局勢風雨飄搖。他研究所畢業，放棄密西根大學的獎學金，留在台灣共赴國難。在「來來來，來台大、去去去，去美國」的時代，引起了行政院副院長蔣經國的注意，派心腹李煥前往探視，要提拔他進入農政單位當官，被王杏慶婉拒。當時，任職國民黨黨務系統的馬鶴凌——馬英九的父親，對他也表示激賞；王杏慶的狹小租屋處，常可見到馬英九的身影。

二〇〇八年馬英九總統大選壓倒性勝選的第二天，王杏慶打電話恭喜他勝選，同時也向馬英九打聲招呼，表示：從此之後，摯友就要變「魏徵」了。

二〇一三年九月馬英九發動「馬王政爭」，民調跌到九．二%，王杏慶撰文〈馬有五大罪，應自知進退〉，指出馬英九「無能昏庸、親信亂政誤國、特務治國、以己意為黨意展開鬥爭、用黨意干預國會破壞憲政」，不再適任總統和國民黨黨主席。

同年十一月，政治大學以「知識份子與台灣民主化：大學雜誌」為題，邀請王杏慶專題演講，並由我主持包括陳鼓應、張俊宏、陳達弘、林孝信、陳玲玉等人座談。

王杏慶在演講中說：「台灣過去半世紀以上……曾經有過三次知識分子、知識青年的大集合運動……我認為台灣現在已經面臨到青年知識分子的第四次大集結」。不出四個月，「三一八太陽花學運」竟如火如荼展開。

二〇一四年九合一大選後，國民黨兵敗如山倒，馬英九未在第一時間請辭黨主席，王杏慶也直指，馬的權力狂妄已病入膏肓。

馬英九是我的台大法律系同班同學，曾經被大家抱持過高度的期待。他當台北市長初期，任用作家龍應台當文化局長，工運人士鄭村棋任勞工局長，令人耳目一新。

記得當時馬英九還特別邀了我跟陳玲玉、龍應台、鄭村棋一起去西門町看電影。可嘆的是，他當上總統後，決策圈開始萎靡，排除異己、悖離民意，接二連三的不當決策，陸續浮現而不知自省。

（左起）王杏慶、陳玲玉、林孝信、陳達弘、張俊宏、陳鼓應
於 2014 年 11 月政大座談會

（左起）洪三雄、宋元、陳玲玉、龍應台、王杏慶、錢永祥、陳曉林於龍應台家

二〇一四年初，王杏慶在萬芳醫院就醫，我和陳玲玉前往探視，病房角落擺有馬英九送的花籃。但王杏慶抨擊時政的砲火不減，對於政治人的監督，也從未鬆懈。

馬英九從明星大學生，變成民調最低的總統；王杏慶則不畏權勢，始終以筆捍衛民主。

在我心中，王杏慶代表傳統知識份子正義的良心。

二〇一四年三月二十七日早上，我約柯文哲去拜訪王杏慶。將近兩個小時的會晤，王杏慶不改書生本色，侃侃而談，從兩岸的現狀與發展，到針砭當前台灣政局。他提醒，一定要注意連勝文選舉經費無限，還有巨細靡遺的黨、政、軍動員系統。後來，我發現柯文哲把這一場台北市長選舉定調為「平民VS.權貴」，以網軍迎擊大連艦隊的黨、政、軍，不禁會心一笑！

柯文哲五十四歲踏入官場。在此之前，他沒什麼官場朋友，沒有政治班底，是政治素人，令人期待，也令人憂心。

看到滿頭華髮仍憂心國政的王杏慶，我想要傳遞給柯文哲的信念是，當官之後，一定要容忍不同意見，身旁不能只有阿諛奉承之人，一定要有烏鴉般的諍友，才不會被民意浪潮淘汰、淪為歷史笑話。

不必記得我是誰

二〇一四年十一月二十九日台北市長選舉揭曉，十二月中旬，在洪三雄安排宴請柯P支持者的一桌餐敘中，我再度遇見柯文哲。

僅半年時間，柯文哲從「一元垂垂」（台語）的素人醫生，變成囊括了八十五萬張選票的首都市長，營造出超人氣、獨特的柯式旋風。感謝宴上，柯文哲向在座的支持者道謝，全桌都是李永豐和洪三雄的朋友，柯文哲幾乎都不熟識。

席間，洪三雄對柯文哲說：「你不必記住這些人的臉孔和名字，但你一定不要忘記，大家對你的期待。」

「我們支持你，不是支持『柯文哲』這個人，而是支持柯文哲背後所代表的『改變』的勇氣、決心與力量。我們是把對政治的期待，化為一張一張選票，拜託你來實踐。」

我當然知道，對政治人物懷抱期待，是不切實際，而且相當危險。但是，「民主的可貴，不在於你能真正選出好的人；而是對於不好的人，你可以改變」。

一九七一年，我和洪三雄在台大校園搞學運兩年，而被清算；一九七八年我倆已踏入社會，為陳鼓應老師操盤助選國大代表，選舉因美台斷交中止，而面臨被整肅的恐慌。這兩道傷痕，深深烙印在我靈魂深處。其後至今，我們選擇當個「政治逃兵」。

現實生活中，我倆寧願躲在商場，一個在金融界奮鬥，一個執業跨國律師。但，內心深處，其實另有一個不安分的靈魂，不時召喚我們。

「我們可以選擇當一個政治旁觀者，但不能放棄當一個民主的追求者。」柯文哲變成「柯市長」的這場選戰，讓我們重燃「從白色恐怖走到白色力量」沛然莫之能禦的潛力。

感謝宴最後，洪三雄說，柯P當選市長之後，一定有許多建議與批評排山倒海而來，但有兩個人的話值得柯P記住：一是前行政院長謝長廷說：「好好做你自己」；一是前總統李登輝的評言：「要謙卑、冷靜、忍耐」。我也深有同感。

這餐飯後，本來就一無所求的我們，將各自繼續努力的生活，甚至再也不會和「柯市長」打交道。

但，短短半年的首都市長選舉，本來互不相識的柯文哲，居然把洪三雄和我捲回一九七〇年代那兩年學運的歷史情境。不知這是機緣？還是偶然？

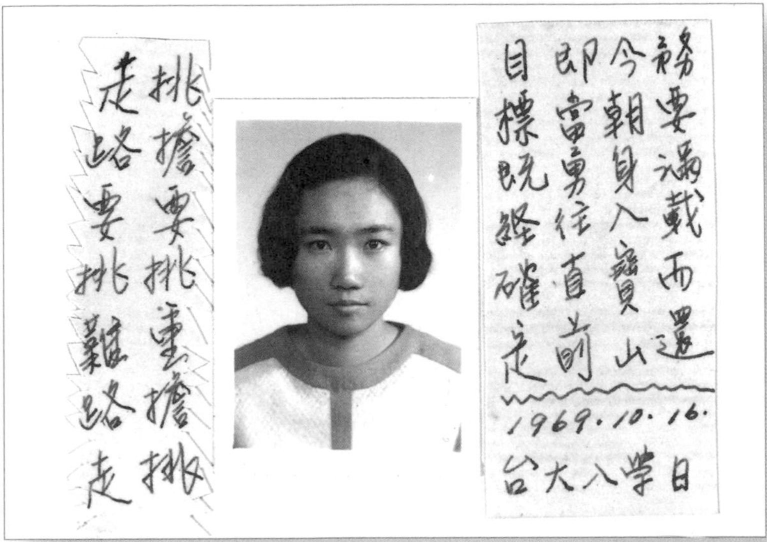

陳玲玉台大入學日自勉的話

20 歲的洪三雄主席

19 歲的陳玲玉秘書長

政治素人的奇蹟，也許曇花一現，但對我而言，台灣民主「改變成真」，終於開花結果。原來，一無所求也能做點事啊！只是，再來呢？

餐宴後，我回家翻閱泛黃的筆記本。

大二那年我擔任「台大法學院學生代表會」秘書長時，曾題句自我期勉：「我要鎖定一個理想，然後一輩子去踐行。」

二〇一四年的我，對望著一九七〇年的我，那一年我十九歲。

回頭看看身旁的洪三雄，仍在書桌前振筆疾書，針貶時政，如同一九七〇年的他。那一年他二十歲，擔任「台大法學院學生代表會」主席。

那個二十歲的大三男生與那個十九歲的大二女生，

原來，一直都在。

第二回

冬夜裡的一把火

那一夜，寒流來襲，更冷的是，台美斷交引發的政治風暴，國民黨隨即宣布「中止選舉」。我們衝出屋子，在院子升火，抖著手，把一頁頁的文件，一張一張照片，投入火焰……

白天銀行員，晚上地下總幹事

一九七八年的冬天，我一直有兩個身分。

二十九歲的我，早上穿西裝，拿公事包，搭公車上班，和普通上班族差不多。我的名片上印著「華南商業銀行總行審查部　洪三雄」。

大學畢業後，在銀行上班的第四年，算起來還是職場菜鳥，負責銀行授信企畫工作。那時，正值財政部錢幣司大力推動「銀行業務現代化」，傳統的銀行「放款」業務，要擴展為「授信」業務。

但，下班一回家，我就脫掉西裝，捲起袖子，振筆疾書，寫熱血的選舉文宣：「維護人權　你我不論省籍；爭取民主　大家無分黨派」「揚棄紙上民主，行動參與民主」。

在陳鼓應（原任台大哲學系副教授）參選國大代表的競選文宣中，大家決定：陳玲玉和黃信介、尉天驄、許信良（桃園縣長）、張俊宏（省議員）、陳菊等前輩一起掛名背書。現在回想起來，三十幾年前，就讓一個剛執業不久的小律師，和國民黨眼

勇往直前的新生代〈張俊宏〉

全世界戰後所出生的新生一代，他們普遍要求著建立一個道德化的社會，陳婉眞小姐這些年來在新聞界裏的奮鬪的表現，就是這種新生力量的縮影。

新生一代追求眞理和正義的一群記者們絞盡心智一點一滴的在水土氣候極度惡劣的環境中，匍匐地艱苦地往前推進。目前我們僅存有的一點稀薄的新聞空氣幾乎全依靠這些具有良知的記者費盡心機製造「漏網消息」。

陳婉眞勇往直前的勇氣乃是新生代追求理想的青年們極具代表性的性格。

加重陳婉眞的身價份量〈夏潮雜誌〉

李鍾桂此番應國民黨徵召出馬，一般均認爲是和前中國時報記者陳婉眞的一種對抗。李鍾桂和其丈夫施啓揚曾是「大學雜誌」集團的份子，不過當年他們之加盟「大學雜誌」，許多人認爲是黨方授意的。許多見過李鍾桂的人都說她官僚氣味頗重，此番出馬，固然威脅了陳婉眞，但以她們年齡和資歷的懸殊，國民黨這樣的安排，反而無形中加重了陳婉眞的身價份量。

向民主、自由大道共同邁進〈黃信介〉

今年選舉與往年不同，今年黨外人士，提出人權呼籲，計有政治人權、社會人權、經濟人權三種，在所有的候選人當中，陳鼓應的著作是最多的，有他這樣的學者、知識份子加入選舉，是很有意義的。我們歡迎國民黨內游離出來的優秀份子加入黨外的行列，向民主、自由大道共同邁進。

不絕如縷的知識份子運動〈許信良〉

陳鼓應是我的好朋友，我非常敬佩他，在六、七年前我們一起辦大學雜誌，我對他的才華，眞是由衷的敬佩，他的文章、演講，都是第一流的。那時我和張俊宏都在中國國民黨中央黨部工作，我那時就想，如果我是中央黨部秘書長的話，像陳鼓應實在是最好的中宣部部長的人才。

陳鼓應代表着臺大二十多年來一直有一種不絕如縷的知識份子運動。在臺灣，知識份子所代表的運動，二十多年來是不絕於縷，我希望從此以後可以波濤壯大，整個中國知識份子運動都可以波濤壯大。陳鼓應先生和陳婉眞小姐的聯合競選意義，很多人都談過了，就是沒有省別，沒有性別，也沒有代別。

台灣彰化人

維護人權你我不論省別
爭取民主大家無分黨派

福建長汀人

陳婉眞

登記競選立法委員

台北市師大路92巷44號　電話：3911907・3417674

登記競選國大代表

台北市新生南路三段96之3號　電話：3419995・3419990

陳鼓應

1978 年陳鼓應競選文宣

日據時代文學家・抗日英雄楊逵支持陳鼓應・陳婉眞的競選▶

向群衆學習〈尉天驄〉

我想舉幾件小事來證明陳鼓應比他當年研究老莊、存在主義的時候，有很多進步。多少年前我和鼓應兄、曉波兄曾經寫過一篇替勞工講話的文章，我們寄到所有的報紙，結果沒有一個報登出來，當時只有大學雜誌登出來。鼓應就說，我們講民主，但是報紙都不支持我們勞工大衆的命運，這到底是怎麼一回事呢？因此他覺得是不是我們這些書生，關在書房，跟現實隔得太遠了？又有一次，我們坐計程車，我們談到臺灣的經濟情況不錯啊！結果，計程車司機回頭望了我們一眼，他說，經濟情況很好，但是爲什麼我們勞工的福利今天一點保障都沒有？外國工人失業了有勞工福利，我們今天沒有，請問道理何在？鼓應兄告訴我這又是一個問題，我們需要向好多羣衆學習。因此，從那時開始，鼓應兄從哲學範圍擴大，去讀歷史，去讀很多東西。

走向社會大衆〈張俊宏〉

鼓應受困的期間，我也面臨解職、監視的命運，有的朋友在這種政治氣候下和我斷掉來往，但這期間鼓應兄嫂經常來看我，給我安慰，給我鼓勵，我們成爲患難之交。鼓應對於受難的人，總是十分關心，不管認不認識。在他受困的期間，並沒有因逆境而消沉，相反的，他工作得更加努力，「臺灣政論」創辦開始，他一直和我在一起寫稿、看稿，「臺政」第五期被禁的那一期，他就寫了兩篇文章，「早日解除戒嚴」這篇文章，就是他寫的。這幾年來，他用了許多筆名寫文章，一個陳鼓應化成了幾十個陳鼓應，可見他的鬭志不息，也可見得言論是壓制不了的。

三、四年前我就勸他走出書房，他猶疑不決。今日他終於鼓足勁兒邁出步子，他的走向社會大衆，對這裏的民主運動必定會有很大的影響和貢獻的。

希望看到更多的陳婉眞〈許信良〉

報紙一旦成爲企業，報人便淪爲可憐的雇工，而不再是高貴的文化人；報紙的利益和報老板作爲雇主的權威閹割了他們作爲高級知識份子所應有的良知、理性和對社會的責任感。這正是今日台灣報界的可悲現象。

現在是報人們爭人格爭報格的時候了。我們希望看到更多陳婉眞！

台灣女性的轉變〈陳菊〉

在陳婉眞身上，我發現一種由於受到現代知識洗禮而煥發出正義、熱忱的性格。這是一個政治工作者必須具備的條件之一。

在台灣的女性，從事政治活動，長久以來大都是妻以夫貴，或政治世家式的客串參與。很少有女性是基於對民主意識的覺醒和對社會正義的要求而毅然勇敢的投注。我樂於看到陳婉眞典型的年輕女性由坐而言進而起而行，這是台灣女性的轉變。

不在乎黨派，不區分省別！〈陳玲玉〉

七年前，我們在臺灣大學校園抬出了「對學校開刀、向社會進軍」的旗幟。七年後的今天，陳鼓應先生正是一位正直學者進軍社會的典型人物。從陳鼓應先生與陳婉眞小姐聯合發表的競選宣言中，我們可以明顯的看出，陳鼓應先生嫉惡如仇，理想遠大的影像。所以今天我們所支持的不是陳先生個人，而是他一生所要追求的維護自由、尊重民主以及革新進步的理想。也正因爲如此，我們不在乎陳先生是國民黨還是無黨派，也不問他是臺灣人還是外省人，相信任何一位熱愛鄉土、崇尚自由、尊重民主的人士都値得我們大家全力支持。

1978 年陳玲玉支持陳鼓應的文宣

中的頭號勁敵，列名同聲回應挑戰，大概只有「憨膽」兩字可以形容。

關起門，在家寫文宣的我，是「國大代表候選人陳鼓應」競選主軸及文宣負責人。菜鳥銀行員真實的政治身分，正是陳鼓應說的「地下競選總幹事」。

台灣從威權統治走向民主政治的關鍵年代，我白天在銀行上班，晚上為選舉操盤。

一九七五年蔣介石去世，蔣經國接任國民黨主席，以黨領政，嚴家淦只是虛位總統。直到一九七八年小蔣上台的蔣家父子權力更迭期間，黨外勢力如野草般強韌竄出，和政治強人蔣經國正面對決。

一九七五年底，我和陳菊（現任高雄市長）、許志仁（曾任外貿協會董事長）等人，穿著雨衣，風雨中在中永和、板橋地區，為民主前輩郭雨新發競選傳單。傳單上的標題「不死的虎將——郭雨新」，副標題「老兵最後一戰，不能任他凋零」，悲情的文字令我有種不祥的預兆。

郭雨新是「省議會五虎將」的一員，已擔任近三十年民代，問政犀利，形象佳，具全國知名度。一九七五年他參選第一選區（宜蘭、台北縣、基隆市）增額立委選舉，聲勢大好，但因國民黨作票，「廢票」高達八萬多張而落選，當時不滿的民眾在宜蘭街頭抗議，險些造成暴動。

大學時期，我常和陳玲玉向當時任省議員的郭雨新請益。他在台北市長安東路開設羅馬賓館，黨外人士常在此聚集，議論時政。每次我們到訪，擔任助理的菊姐（陳菊），總是繞過我們身後，轉動桌旁音響，把兩個大喇叭對著牆壁，轟轟作響。

後來，我才恍然，隔壁的透天厝，被情治單位租下，就近監視。

郭雨新非常疼愛我，知道我家境不好，曾計畫資助我出國深造。我雖然取得日本京都大學研究院入學許可，但因大學期間搞學運的「案底」被列境管，無法出國圓夢，只好婉謝前輩栽培。郭雨新常託陳菊帶書給我看。還記得有吳濁流的長篇小說《亞細亞的孤兒》。他也鼓舞我讀史明的《台灣人四百年史》，那時只有日文版。

留學日本的郭雨新，終生是徹底的紳士風格，有一次，他跟張俊宏、陳鼓應、菊姐到我們新婚的家中吃飯，大夥穿襯衫、球鞋，輕便而來，只有郭雨新著西裝、領帶、禮帽盛裝赴宴。他尊重與提攜後輩，長期以來，是受敬重的黨外大家長。

一九七五年郭雨新「虎落平陽」敗選，創下台灣選舉史上最高廢票記錄，可說是國民黨最膽大妄為的作票事件，選民對國民黨惡質的選舉操作，深惡痛絕。心灰意冷的郭雨新，打算赴美探視兒女，一九七七年，在吳三連與許金德的作保下，申請了十年的出國許可，國民黨才核發下來，但郭雨新一出國，從此名列黑名單，不能再回台灣，客死異鄉。

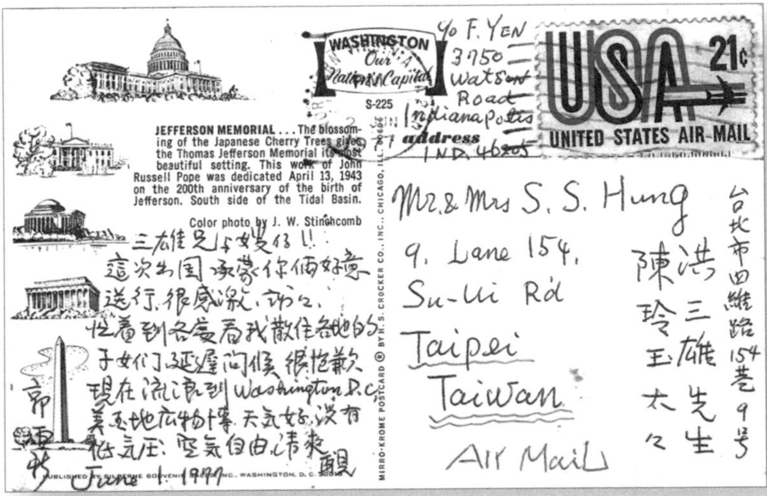

WASHINGTON Our Nation's Capital

S-225

JEFFERSON MEMORIAL . . . The blossoming of the Japanese Cherry Trees gives the Thomas Jefferson Memorial its most beautiful setting. This work of John Russell Pope was dedicated April 13, 1943 on the 200th anniversary of the birth of Jefferson. South side of the Tidal Basin.

Color photo by J. W. Stinchcomb

三雄兄与嫂们!!
這次出国承蒙你倆好意
送行,很感激,謝謝。
忙着到各處看我散住各地的
子女們延遲問候,很抱歉
現在流浪到 Washington D.C.
美国地広物博,天気好,没有
低気压,空気自由清爽
郭雨新
June 1. 1977

MIRRO-KROME POSTCARD © BY H. S. CROCKER CO., INC., CHICAGO, ILL.

Yo F. YEN
3750 Watson Road
Indianapolis
IND. 46205

USA 21¢
UNITED STATES AIR-MAIL

Mr. & Mrs S. S. Hung
9. Lane 154.
Su-Wi Rd
Taipei
Taiwan
Air Mail

台北市四維路154巷9号
洪三雄先生
陳玲玉太太

郭雨新給洪三雄、陳玲玉的明信片

（前排左起）洪三雄、郭雨新、陳鼓應之女、陳鼓應、張俊宏
（後排左起）陳菊、陳鼓應之子、陳夫人、陳玲玉

郭雨新到美國後，曾寄一張有美國國會的明信片給我，寫著：「現在，流浪到Washington DC。美國地廣物博，天氣好，沒有低氣壓，空氣自由清爽。」

我們書信往返，直到八年後，一九八五年郭雨新在美國去世，國民黨才允許他魂歸故土，安葬故鄉。那份「有家歸不得」的苦楚，豈是當今樂享民主、自由的政壇人士所能體會？

一九七七年底，台灣舉辦五項地方公職選舉。國民黨籍的省議員許信良不顧警告，脫黨參選桃園縣長。國民黨故技重施，作票風波再起，引爆了警民衝突、焚燒警車、包圍警局，震驚海內外的「中壢事件」，導致選舉大翻盤。

許信良以壓倒性的高票（二十三萬比十四萬）當選。另外，黨外人士當選的有台中市長曾文坡、台南市長蘇南成、高雄縣長黃友仁。台北市議員有林文郎、康水木等當選六席，省議員則有張俊宏、余陳月瑛、林義雄、邱連輝等二十一席當選（占省議會四分之一席次）。

這是國民黨來台三十多年來的空前挫敗，也是老蔣過世後，台灣選民送給小蔣的民主震撼彈，激勵了一九七八年「增額」中央民意代表（立委、國代）補選的士氣。

一九七八年最震撼的一對搭檔，是在台北市參選國大代表的陳鼓應與參選立委的陳婉真。這兩人，一男一女，前者是外省籍副教授，後者是土生土長的女記者。這對跌破外界眼鏡的新鮮組合，其實，和新婚不久的我和陳玲玉，息息相關。

小律師的叛亂窩

一九七八年，二十七歲的我有三個身分。

除了是洪三雄的妻子、第一聯合法律事務所的律師，還是剛滿週歲女娃的媽。

我和洪三雄結婚後，爸爸賣掉國泰人壽的股票，在八德路（現已改為四維路）娘家旁巷弄，買了一戶一樓的老公寓當我的嫁妝。但，老公寓裝潢老舊、隔間不適合，且水管不通，地板坑洞，令我十分苦惱。我不好意思再讓父親出資整修，很豪氣地說：「後續的修繕費用，我自己出就好。」

家父陳土根當時任職國泰企業，國泰建設正在蓋當時被稱為豪宅的「一品大廈」（後來連戰就住在此），就近請了一品大廈的設計師幫我整修舊屋。裝潢完畢，帳單高達三十五萬元，把我和洪三雄嚇傻了，從來沒有建材觀念與理財經驗的我，不由一愣！

我第一個月的律師薪水五千元（半年試用過後調為一萬元），洪三雄的銀行月薪六千元。三十五萬元對我們簡直是天文數字，大約可以在市郊再買一間房子。

我們咬牙苦撐，背負著三十五萬債務起家。夫妻倆靠貸款、薪水和三雄小小的股票投資週轉，撐住了新婚小家庭。這個小巧又溫暖的窩，不僅是我們一家三口安身立命之所，在一九七八年選舉時，也是黨外人士聚集密謀、對抗國民黨的秘密基地。

陳鼓應老師參選增額國代，就是在我們那間八德路的家，所做的決定。

陳鼓應因為「台大哲學系事件」，被情治單位整肅，遭台大解聘，沒有學校願意收留，只能到政大國關中心兼差。

「欺人太甚，連一堂課都不給我教，簡直把我逼到牆角。」「你們不讓我在三十個人的課堂講話，我就到街頭講給三百人聽。」

陳鼓應義憤填膺，聽在我和洪三雄耳中，更加悲憤。

一九七一年，大三的我，和大四的洪三雄，開始在台大校園鼓吹學生運動辦座談會、辯論會、出版刊物，和學校對抗，陳鼓應老師幾乎無役不與。

我們畢業了，留在學校任職的他，卻遭受執政者對知識份子的清算。情治單位和校方藉「台大哲學系事件」，一口氣解聘了十三名教師，包括代理系主任趙天儀以及曾在我主持的座談會上擔任主講人的林正弘、陳鼓應、王曉波。

無論如何，我和洪三雄都必須協助陳鼓應參選。從校園轉戰街頭，替老師爭回一口氣。

「大字報、文宣品、照片、布條、新聞稿……」我那近三十坪的公寓，堆滿了這些書生造反的武器。

每天早上，我們夫妻倆一如往常地上班去，在娘家替我倆照顧幼兒的爸媽根本不知道，我跟洪三雄回家後，晚上的小公寓就變成叛亂窩。陳菊、康寧祥、陳映真（作家）、許信良、張俊宏等黨外人士，時常來開會討論。

有一天，許信良（時任桃園縣長）穿著短褲，趿著不穿襪的皮鞋，繞過院子，推門進客廳，劈頭就說：「找陳婉真和陳鼓應搭檔如何？」他不愧是公認的智多星。

我跟洪三雄聽後，直呼太絕了。當時陳婉真是《中國時報》的記者，因主跑省議會新聞跟許信良結識，不畏強權、敢言衝撞。

陳鼓應是外省籍的哲學系教授，陳婉真是本省籍年輕記者，「男女混搭、省籍交融」的聯合競選模式，在台灣選舉史上肯定破天荒。而且，他們都敢言敢做、清新積極，符合當時台北市都會選民對知識分子參政的期待。

當時雙陳都是國民黨籍。前一年，許信良參選桃園縣長，被國民黨開除，反而引起選民呼應的經驗，讓我們決定拉高跟國民黨對抗層級，直接把雙陳選舉設定為陳鼓應主張的「砲打司令台」。

陳鼓應 陳婉眞 報備競選 國大代表 立法委員

告中國國民黨宣言

吾等自幼受養於斯土斯民，深愛鄉土，心懷同胞。吾等亦皆中山先生之信徒，崇尚主義，志在救國。乃先後加入國民黨，思欲竭盡心智，以報吾土、吾國、吾民之恩；奉行主義以躋民有、民治、民享之境。壯志勁節，始終不渝。

溯自吾黨東渡來台，此其間，雖獨攬政權於不墜，所可憾者，卅載於茲，反攻迄無寸展，可憐青絲成白髮；與國喪失殆盡，自辱國格陷孤島；民族主義乃失。卅載於茲，動員戡亂又戒嚴，憲政橫遭擱置，民主徒託空言，自由慘受限制，民權主義又失。卅載於茲，政權與財閥相結，富商位尊，農工受賤，貧富懸殊，民生主義再失。

嗚呼！民族不立，民權不彰，民生不均，吾黨之魂失之久矣！苦心憂思，蓋以吾黨專政久年！黨工橫行，權令智昏，利使志窮；政府雖得公僕，盡皆官僚，等因奉此，欺下瞞上；學者泯滅良知，類多鹿馬，搖尾乞憐，盡聞好言；報刊攀權附勢，見利忘義，壟斷輿論，強姦民意。廟堂多憾事，江湖啞無言，此情此景，豈忍卒睹？緬懷諸先烈，悠悠我心悲。

吾黨來台，始終當家。惜乎黨官不肖，坐令民有、民治、民享之理想淪爲河漢，愧對全國國民莫此爲甚！吾等辱爲黨員，甘以清流罹黨禍，不爲亡國作忠臣。乃藉此選舉，報備競選中央民意代表。此心此意，端在面對全體同胞，痛悔吾黨之失，矢志恢復國格，提高國位；勵行憲政，還政於民；實現民生，平均財富。

邇來，民智已開，人心思變。天下者天下人之天下也，願吾黨靜聆警世鐘，願同胞奮爲革命軍！期以推誠相與，共襄國是。庶幾勇挽國運於不濟，撥雲霧而見青天。

中華民國六十七年十一月

陳鼓應 陳婉眞

洪三雄草擬的〈告中國國民黨宣言〉

1978 年陳玲玉為陳鼓應主持政見發表會

洪三雄更主張，不可以被動等國民黨來開除雙陳黨籍，應主動出擊、直接挑戰國民黨。為此，他徹夜執筆寫〈告中國國民黨宣言〉，十一月一日公告問世，震驚全台。表面上是陳鼓應向國民黨宣告「報備」競選，實則等著它來開除。

〈宣言〉嚴厲抨擊國民黨在台三十幾年，背叛孫中山建黨理想。內容又酸又辣、針針見血：

「卅載於茲，反攻迄無寸展，可憐青絲成白髮；與國喪失殆盡，自辱國格陷孤島，民族主義乃失……動員戡亂又戒嚴，憲政橫遭擱置，民主徒託空言，自由慘受限制，民權主義又失……政權與財閥相結，富商為尊，農工受賤，貧富懸殊，民生主義再失。」

「願吾黨靜聆警世鐘，願同胞奮為革命軍！」

這種文字，在戒嚴時期，形同把政治手榴彈丟入國民黨。

日後，陳鼓應轉述，當時國民黨中央黨部秘書長張寶樹看到報紙，生氣到沒去上班。中常會砲聲隆隆，黨國大老氣呼呼：「怎麼讓這種宣言出現？這些叛國叛黨份子，先去捉起來再說。」大家七嘴八舌，只見主持會議的蔣經國臉色一沉，說了十個字：「徹底調查，有無叛國事實？」

陳鼓應回憶：「〈告中國國民黨宣言〉出來那一天，杏慶（南方朔）從景美騎著摩托車來看我」，神色哀戚，彷彿告別：「鼓應，你要有心理準備了……」

丟手榴彈的恐怖分子

〈告中國國民黨宣言〉見報後，國民黨暴跳如雷徹查中。我仍穿西裝、打領帶，正常去華銀上班。情治單位甚至懷疑，這份文宣是出自王曉波（時任台大哲學系講師）之手，曉波也為我「默認」了十幾年，他認為「王曉波比洪三雄安全一些」，一直到解嚴後，曉波才解密這份文宣其實是我執筆的。

那一份麻辣文宣，在當時台北知識份子圈，引起極大迴響。在沒有網路、影印機又不普遍的時代，大家只能口耳相傳。在台大與師大附近的自助餐店、冰果室、撞球間，大家小心翼翼的傳閱著，那張薄薄的千字宣言。

後來，競選總部乾脆將宣言印發成傳單，沿著公館與師大商圈一路發送，公然散播「毀黨言論」。國民黨視為大逆不道，發動媒體及群眾回擊。媒體上出現「反共義士」投書攻擊雙陳選舉，揚言要「劃除消滅比共匪更惡毒的莠草」，甚至還有一篇標題是「反共義士發出怒吼，控告陳姓男女叛亂」。

沒有任何媒體奧援的我們，為了還擊，我們決定在街頭開打。

雙陳在台大校門口新生南路人行道上，架起「民主牆」，貼上大字報，即時推陳出新，辛辣的內容、犀利的言論，打著「老師課堂上沒有教的事」，吸引了許多大學學生駐足、圍觀。記得當時張富忠、林正杰還在當兵，經常背著軍用書包前來助陣。

人群多了，有人搬來板凳，站上人群中，就地批評時政，宛如英國海德公園的民意廣場。

國民黨按耐不住，沒幾天後，也東施效顰搭起另一道「愛國牆」打對台，由保守派的教授擔任主筆，呼籲「明眼人，看穿他們的陰謀」，控訴「暴力分子竊國行徑」。

「民主牆」與「愛國牆」短兵相接，不斷延伸，從初期的四塊版面，一直延伸擴展到二十多個版面，繞著台大校門口廣場四周及新生南路人行道，從白天到深夜，人潮洶湧，成為選舉中最夯的熱區。

下班後，我常徘徊駐足在這座牆旁，想起一九七一年，我們在校園舉辦的第一場「言論自由在台大」座談會。陳鼓應老師的開場白：「二十年多來，年輕人猶如啞巴的一代，從來不知道如何講話。」「今天站在這裡，我們爭取講話的權利，不光是爭取言論自由，更應該是如何避免『恐懼的自由』與『自由的恐懼』。」

面對一排排的「民主牆」與「愛國牆」，不覺義憤填膺。

封麥的政治講台

一九七八年中央民代增補選倒數計時，下班時間到了，洪三雄總是十萬火急地打電話來：「啊，妳還沒下班？快來，快回來啊！」他著急的不是喚我回去帶小孩，而是叫我快去拿麥克風。

我在下班人潮中急奔回家，脫掉套裝，換上布鞋，從八德路家中，衝到演講現場，腦海響起洪三雄的催促：「這裡好多人，人潮爆滿，已經擠不進去了……」衝到現場，我拿著麥克風，直奔上台，有台大的學生在下面喊：「是那個陳玲玉ㄟ。」

我語氣高昂的喊：「七年前，我們在《台大法言》，提出〈對學校開刀，向社會進軍〉的宣示，在校園和陳鼓應老師聯手，以知識人的良知，掀起了台大的學運……七年後，我們把學運的力量，從校園進軍社會。請大家將論述化為行動，支持陳鼓應老師參選國大代表……支持陳鼓應，不是支持他個人，而是支持他背後所代表的改革與進步、自由與民主。」

瘦小的我，在寒風中疾呼，感受到台下的熱情，一波波湧上來，整個現場充滿了能量。

也許遺傳自父親的口才，人越多的地方，只要掌握麥克風，我就越篤定。

記得唸台中師專附小六年級時，十一歲的我下課途中，遇上台中市議員張賴彩蓮的選舉宣傳車，我一路邊聽邊走邊跟著唸（台語）：「各位鄉親大家好，選舉就要選自己的人，肥水抹𥴊流去別人的田。」回到家，我背給爸爸聽，爸爸竟說：「那是我寫的。」

家父陳土根是輔選將才，彰化縣長陳時英，雲林縣長廖禎祥等人的競選文宣，都曾出自他的手。國泰集團蔡萬才競選立委、養樂多集團陳重光的女兒陳玉梅競選市議員，也是我爸爸擔任總幹事。他一輩子從未從政，但從抬轎到掌麥克風助選，膽識與架勢，都遺傳給了我。只是爸爸沒想到，我全力支持的，竟都是「黨外人士」。

「和其他書生型只論政、少實踐的學運份子相比，洪三雄與陳玲玉的行動力與決策力，非常快速與精確。就對手而言，他們就像是一對恐怖份子。」陳鼓應老師這樣形容我和洪三雄。

陳鼓應的競選總部設在新生南路三段，陳婉真在師大路，兩人的競選砲火繞著台大方圓一公里，此起彼落。台大是我們當年搞學運的大本營，七年後的選舉，我們也將台灣大學當作轟炸國民黨的砲台。

發佈〈告中國國民黨宣言〉後，陳鼓應的競選總部直接在新生南路對面的台大書局騎樓，懸掛一層樓高的「為民主舉哀」巨幅輓聯，民眾嘲諷是為國民黨送終。

有一晚，雙陳在羅斯福路台大校門口演講，人山人海，擠爆台大校門口，台下觀眾聽到激動處，紛紛把口袋、皮夾的鈔票掏出來，往台上候選人身上扔去，以表支持。隔天媒體扭曲報導，「民眾對陳鼓應煽動式的演講內容不滿，向台上投擲物品抗議。」

也因為雙陳在校門口的演講太轟動，令台大校方頭疼，一度在大門前廣場，闢了高高的分隔島和花圃，旨在切割空間，避免民眾聚集。

一九七八年那場選舉，不管是文宣戰略，或是群眾活動，場場爆滿，我們信心十足，認為延續前一年黨外大勝氣勢，陳鼓應老師選情樂觀、當選在望。

就在我們即將抵達勝利終點時，國民黨出招了。

國民黨的逆襲

投票日的前一星期，一九七八年十二月十六日凌晨，美國總統卡特宣布和台灣斷交，並將於隔年（一九七九年一月一日）與中華人民共和國建交。蔣經國總統立即在十六日當天中午頒布「緊急命令」：「即日起，停止一切競選活動。」原本眾聲喧嘩，霎那歸於沉寂。

「台美斷交前一晚，幫康寧祥助選的陳永興醫師，突然跟我說，美國那邊給老康的訊息，明天黨外競選活動暫緩，擔心台美斷交後，國民黨會開始捉人，移轉焦點。」吳念真說。

當時在台北市立療養醫院當圖書館管理員的吳念真回憶：「從收音機聽到蔣經國發表談話。我沿著信義路五段從市立療養醫院往市區走，整座城市都浸在悲憤氣氛當中。」

走到師大附中，一群小學生紅著眼，排隊唱「愛國歌曲」。

「我愛中華，我愛中華……」

一個小學生看吳念真面無表情的經過，啞著嗓對他吼：「你不愛國嗎？怎麼沒有跟著唱？」

在「共赴國難」的洗腦教育下，台美斷交讓國民黨順勢操作愛國主義，誘導全民必須團結支持政府，譴責破壞團結的陰謀份子，順著這個邏輯，黨外人士也被打成全民公敵。

十六日下午，聚集在黨外助選總部商討對策的黨外人士，發表了一份許信良口述、王拓執筆，黃信介、陳鼓應、陳婉真、姚嘉文、張俊宏、施明德、陳菊、蘇治芬、呂秀蓮、林義雄等二十四人連署的〈社會人士對延期選舉的聲明〉，呼籲當局從速恢復選舉、實施憲政，「抗拒軍事統治的誘惑與壓力」。

呂秀蓮後來在《重審美麗島》一書中回憶：「大家對於何時恢復選舉，頓感遙遙無期而忿恨不平，咸感那是國民黨因輸不起而耍賴皮。」

十二月十六日晚上，我和陳玲玉默默無語對望，滿屋子還擺滿選舉器材與文宣海報，激情的吶喊已變成黯啞聲的默劇。

對手如此強大與粗暴，我們還有下一步嗎？

選舉中止後，每天一早，我和陳玲玉仍然拿著公事包，分別到銀行與律師事務所上班，我們努力讓生活軌道不要偏離，心中的恐懼不要擴散。

但是我們很清楚，冬天的激情散去，春寒料峭已經逼近。

一個多月後，一九七九年一月二十一日凌晨五點，高雄橋頭八卦寮余登發父子被捕，隔天的報紙標題：「余登發父子接受華國鋒（中國共產黨中央委員會主席）指派，擔任台灣南區司令；勾結匪諜吳泰安，聯合共匪武力推翻政府。」正是「欲加之罪，何患無詞？」

黨外人士聞訊，趕赴橋頭聲援，舉行戒嚴時期的第一場反政府街頭示威遊行。當天參加遊行的桃園縣長許信良，後來遭公懲會懲處「休職兩年」，蠻橫地拔掉二十三萬票選出的民選縣長。

我們不禁自問：「是不是因為我們太天真，錯估了執政者對民主、自由的寬容？」

原來，執政者的字典，不曾有「寬容」這兩個字。

抱頭痛哭的師生

陳鼓應老師回憶：「中止選舉那一天晚上，兩個便衣開始到我家門口站崗，一直到半年後，我離開台灣前往美國為止。」

一九七九年五月底，長期被監視的陳鼓應，決定帶著妻小，前往美國探親。陳鼓應說：「那年初夏，我們一家四口到美國，以為是三個月短遊，連秋裝都沒帶，沒想到一去難復返。」

直到一九八二年，被禁止出境八年的洪三雄，第一次拿到護照。我們夫妻帶著五歲的女兒紹凡去美國，特地到舊金山，和陳鼓應老師見面。

「一個回不去」、「一個出不來」，師生兩人抱頭痛哭，恍如隔世。

「我們是生命共同體。我這一生曾遭到學校四次解聘，無論是流浪到美國還是遠走到大陸，洪三雄和陳玲玉總是在我最困難的時候照顧我，也總是不遠千里來看我。」，陳鼓應二〇一四年在政大演講時，講出和我們亦師亦友四十多年的情誼。

回不了台灣的陳鼓應，一九八四年應聘到北京大學擔任哲學系客座。一九八九年北京發生天安門事件，當時洪三雄剛好應《光明日報》記者戴晴之邀，前往內蒙古哲里木盟，援助當地兒童版畫。

他在陳鼓應的導引下，兩度進出天安門廣場，會見幾位民運學生。

五月三十一日洪三雄離開北京時，通往機場的道路上：「已經出現外國人攜家帶眷，背著行李走路到機場的慌亂場面。」

隔幾天的六月四日，坦克軍隊開進天安門廣場，血腥鎮壓。陳鼓應因被誤解支持民運學生，被共產黨清算，解聘了北大教職。一九九七年「台大哲學系事件」平反，他才重返台大授課。

一生被解聘四次，陳鼓應常笑說，國民黨鬥爭他、共產黨也排斥他。親眼目睹陳鼓應的慘痛經歷，也加深我和洪三雄棄政從商的決心，刻意與政治保持距離。因為從「命運共同體」身上，我們看出，執政者對待意見相左的知識份子，其羞辱與粗暴，似乎沒有黨派之別。

有時候我愧疚地想，若不是我和洪三雄那幾年從台大到街頭，多次衝撞體制，把陳鼓應老師推到「歷史的浪頭上」，陳老師的一生，至少在生活上，不會這麼困頓。話說回來，若沒有我們倆一再催促他走上追求自由與民主的舞台，他的人生，應該也不會如此精采。

對我而言，陳鼓應老師其實是一個「從書中走出來的人」。

大一時，我喜歡讀《自由中國》《文星雜誌》。雷震、殷海光在書中講述的「自由與民主」，正是「戒嚴」下的我，所渴望與追求的信仰。

殷海光五十歲就在國民黨的監視下，抑鬱過世。

他在過世前，給學生陳鼓應寫了一封信：「鼓應，此刻在燈下和你寫信，說不出來的淒涼，人與人之間，只有內心溝通，始覺共同存在，人海蒼茫，但願有心肝的人，多多相互取暖。」

一九六九年我進入台大，那一年殷海光去世。陳鼓應因緣際會出現在我的面前，他像是從殷海光的書中走出來，讓我看到殷海光精神的「真人實事」。

上一代等不到的民主與自由，我們這一代應該努力爭取，實踐書中的精神。洪三雄、我和陳鼓應老師，從台大校園到校外，合作無間、一脈相傳，自許當殷海光自由主義的種子，努力的活著。

只是，這一路走來，目睹師長被整肅、同志被逮捕、民主前輩流亡海外，甚至客死異鄉。爭取民主的歷程，如此殘酷而無情，血淋淋的事實，震醒了我們反抗極權的青春夢。

一九七八年十二月十六日，國民黨中斷選舉的深夜。

我跟洪三雄在八德路的家中小院子，升起一把火。

在寒風中，我們抖著手，把〈告中國國民黨宣言〉的手稿、黨外小組的開會記錄、關鍵的文宣草稿、筆記和往來書函，一張張的投入火焰中……

那一夜，我們從民主美夢跌落殘酷的現實，回到殷海光那年的心境，「人海蒼茫，說不出來的淒涼……」

第三回

敲響自由、民主的鐘聲

第一場座談會，原訂九點半，但直到深夜十點才結束。帶著興奮與忐忑回到宿舍，剛洗完澡在床上躺下，門鈴大作……

陳鼓應轉身跟太太說：「來了，他們來了。」

他起身，穿上準備好的襪子，繫上皮鞋……夜裡冷，太太握住他顫抖的手，要他穿好外套再出門。

門一打開，兩名歐巴桑探頭：「借問ㄟ，這裡是不是×巷×號？」

原來不是情治人員，而是南部媽媽北上來找台大兒子的學生宿舍，按錯門鈴。

「那個時代，搞革命，就是一部荒謬的恐怖片。」

這是我們在台大舉辦第一場座談會「言論自由在台大」之後，陳鼓應的驚魂夜。

慫恿老師造反

二〇一四年春天，三一八太陽花學運爆發的第二天，學生占領立法院議場的首日，我和紀萬生老師、李壯源兩位前輩來到立法院場外關心，馬路擠滿了上萬名民眾，聲援議場內的學生。

國民黨粗暴的國會多數暴力，三十秒的時間，將爭議的「海峽兩岸服務貿易協定」，從內政委員會送交院會審議，導致憤怒的學生衝入立法院，占領議場。

一路上看到稚嫩又認真的年輕臉龐，我們沿著「退回服貿」「自己的國家自己救」等抗議布條，走著走著，來到徐州路的台大法學院（現已改為台大社會科學院）。環顧四周，「〇南」公車站牌，好像已經不見了，只有法學院前、徐州路上的牛樟樹，閃耀著早春的月光，熟悉依舊。

那是個一夕長大的暑假，台大法學院點燃了烽火。

保釣運動之後，一九七一年九月，我們決定把以前聯誼性質的《台大法言》，變成「對學校開刀，向社會進軍」的改革刊物；打算把紙上談兵，變成現場操演，挑戰國民黨最不願意看到的「群眾集會」。那一年十月至十二月的短短三個月內，「台大法代會」一連舉辦了「言論自由在台大」「民主生活在台大」兩場座談會，及「中央民意代表應否全面改選」辯論會。

每次申請活動都被校方打回票，擔任「法代會」主席的陳玲玉和《台大法言》社長的我屢敗屢戰，每天在法學院訓導分處跑進跑出；搭上〇南公車，到台大校總區和訓導處張德溥訓導長周旋，更是家常便飯。

「學生不能公開演講？找老師上台總可以吧？」

「訓導處憑什麼不准我們邀請韋政通先生來台大法學院演講？」

「社論的題目〈台灣的命運〉不行？改成〈我們的命運〉可以嗎？」

「訓導處查禁這一篇文章，我們就讓這個版面空下來。對！就是『開天窗』。」

「中央民意代表『全面改選』辯論，前面加上〈應否〉兩字，是不是就可以了？」

「法學院圖書館太小了，我們要申請校總區體育館辦辯論會。」

整個暑假，我們就像是寧鳴而死、不默而生的秋蟬，在台大呼朋引伴，振翅撼聲，希望打破言論箝制的寒蟬效應。那時候，學生不准上台演講，我們遍尋「麥克風」，四處尋找願意幫我們踏上講台講出心聲的老師。

「保釣運動後，陳玲玉和洪三雄常常窩在我辦公室，高談闊論。有一天，陳玲玉突然說，老師，你不要只講給我們聽，我們幫你搭個講台，讓更多人聽到你的高論。」

「這丫頭好大膽，竟然慫恿老師。」陳鼓應回憶時說。

陳鼓應的老師殷海光因為講真話，被當局軟禁，抑鬱而終。他自己當上老師後，一九七〇年在《大學雜誌》發表文章〈給蔣經國先生的信〉，質問蔣經國「為什麼年輕人不說話？」蔣經國看過後，找他去國民黨黨部談話。陳鼓應回答：「年輕人不敢說話，因為說了就被逮捕，然後找不到工作。殷海光與我，就是實例。」

陳鼓應離去後，有人趨前跟蔣經國咬耳朵：「他應該是匪諜來滲透的。」蔣經國冷淡回應：「我看還好嘛，他只是一介書生，造不了反。」

「知識份子真的沒有造反的本領嗎？」也許我們這兩隻初生之犢，觸動了陳鼓應心中深層的痛，他害怕被整肅，卻又有所期待，心情忐忑加入我們的造反行列。

哲學系除了陳鼓應，王曉波講師也跟我們一拍即合。他笑稱自己是「打著紅旗反紅旗」，他的一貫招式就是點出國民黨政權違背孫中山遺訓，或悖離三民主義的弱點，全力抨擊。

論述與口才兼備的老師，包括王文興（外文系）、楊國樞（心理系）、林正弘（哲學系）等老師，在我們的拜訪、請託下，陸續加入座談會陣容。

留著憂鬱小鬍子、身形瘦小的王文興老師，那時候正在寫的《家變》，後來被喻為五四文化運動後，最重要的百大小說之一。雖然處於創作的關鍵階段，對我們的請求，他有求必應，接連出席「言論自由在台大」與「一個小市民的心聲」兩場座談會。

第十五趟〇南公車

那年的夏天特別熱，我和洪三雄在公車站牌下，抱著一大堆資料，等〇南公車去台大校總區。

林森南路與徐州路上的牛樟樹挺拔濃密，一路綿延到法學院大門口。午後，一整排樹上的蟬嘶齊鳴，聲勢浩大。我一邊等公車，一邊抬頭張望，感覺這夏日蟬鳴似若有情，也在為我們助陣。

這是我們為申請一項活動第十五次去台大總區訓導處找張德溥訓導長。張德溥出身台灣第一任飛彈營長，額滿臉方，眼睛小而銳利，乍看之下，活脫是縮小版的蔣經國。每次他從桌面上抬頭，看到我和洪三雄兩人站在門口，先是苦笑，然後緩緩擱下筆，雙手環胸，好整以暇地看著我們，似乎在問：「兩位，今天又要出什麼招了？」

當時所有校刊文章都必須經過訓導處審查、修改，有時甚至石沉大海、毫無回音。

猶記一九七二年五月二十日，蔣介石就任「第五任」總統。《台大青年》不但沒有「遵囑」在五二〇「普天同慶」當天出刊，當期共一一二頁內容，僅有八頁「慶祝總統連任」的報導，「社論」也沒有配合搖旗吶喊。訓導處最抓狂的是，竟然漏登「總統嘉言錄」。

校長閻振興面子掛不住，「見笑轉生氣」，發了一紙公文給《台大青年》：「不得再犯，否則以偽造文書論處。」

「不得再犯？」的威嚇，對學法律的我們而言，簡直幼稚荒謬。

在洪三雄和我的主導下，一九七一年六月五日《台大法言》一口氣刊登張晉城〈新聞自由與學校審稿制度〉與王復蘇〈大學生的曙光〉兩篇未經送審的文章，第一次正面衝撞審稿制度。

「呱～呱～呱，又不行啦？」每次我從訓導分處沮喪地回來，在「法代會」辦公室編稿的楊鴻江（經濟系）抬起頭來問：「唐老鴨，又找麻煩了？」訓導分處一名唐姓老職員屢次刁難、退稿，「法代會」同學給他取了綽號「唐老鴨」。每次送審被打回票，同學就學卡通片裡的滑稽叫聲，安慰我。

後來，訓導處又拒刊旅美學人胡卜凱的〈知識份子的責任〉。我們索性就把文章欄目「開天窗」付印，並在該天窗裡表明：「本文奉『上級』命令禁刊」「我們對這種『輿論的中間剝削階級』深惡痛絕。」

校方發現後，立刻禁止《台大法言》發行，出錢要我們補滿版面重印。同學第一次看到破天荒的「天窗版」，倍感興趣，紛紛去尋找「開天窗」的原版及〈知識份子的責任〉的內容，一時之間，洛陽紙貴，越禁越轟動。

「學生的稿件不能由訓導人員片面裁決」、「我們要求制定可行的審稿辦法」、「成立由教授（不是訓導、軍訓人員）組成的文稿評閱委員會」……「學生也要有言論的自由」、「我們要召開座談會……一次把話講清楚。」

張德溥跟我們討價還價後，同意舉行「言論自由在台大」座談會，附帶條件是，在我們原訂邀請的名單：楊國樞、王文興、陳鼓應、王曉波、張德溥之外，還要加入他指定的金祖年（工學院院長）和蘇俊雄（法律系教授），而且「由訓導長壓軸發言」。

「只要有講台可以講話，割捨一些沒關係。」我心中大喜。

我們想辦座談會，呼籲廢除審稿制度；張德溥則想藉由座談會，平衡反對勢力。在各取所需的角力下，座談會闖關成功。

洪三雄與《台大法言》對座談會的報導

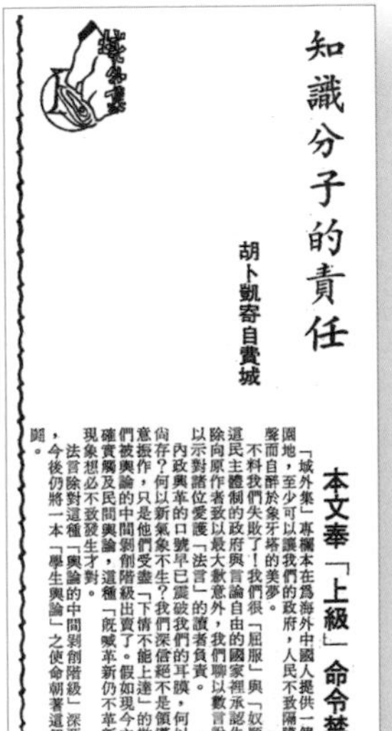

知識分子的責任

胡卜凱寄自費城

本文奉「上級」命令禁刊

「城外集」專欄本在為海外中國人提供一個說話的園地，至少可以讓我們的政府，人民不致隔膜城外心聲而自醉於象牙塔的美夢。

不料我們失敗了！我們很「屈服」與「奴順」地在這民主體制的政府與言論自由的國家裡承認失敗了。除向原作者致以最大歉意外，我們聊以數言說明眞象以示對諸位愛護「法言」的讀者負責。

內政興革的口號早已震破我們的耳膜，何以怪現狀倘存？何以新氣象不生？我們深信絕不是領導階層無意振作，只是他們受盡「下情不能上達」的欺罔。他們被輿論的中間剝削階級出賣了。假如現今主政者已確實觸及民間輿論，這種「旣喊革新仍不革新」的怪現象想必不致發生才對。

法言除對這種「輿論的中間剝削階級」深惡痛絕外，今後仍將一本「學生輿論」之使命朝著這個方向奮鬪。

《台大法言》開天窗版

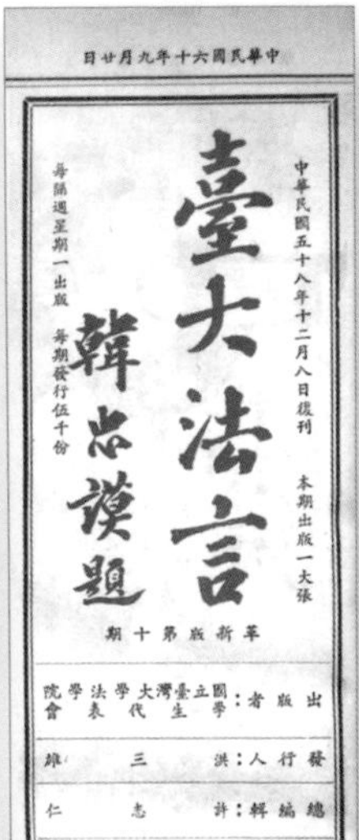

中華民國六十年九月廿日

臺大法言

韓忠謨題

中華民國五十八年十二月八日復刊

本期出版一大張

每隔週星期一出版　每期發行伍千份

革新版第十期

出版者：	國立臺灣大學法學院學生代表會
發行人：	洪三雄
總編輯：	許志仁
編輯：	林永和　陳秀峯 縳楷楷　吳如玉

1971年9月20日《台大法言》

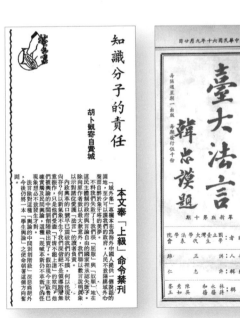

言論自由在台大

「在台大，言論絕非不自由。否則，今天的座談會不可能召開得成。但是，在台大，有關言論自由的制度也絕非健全，否則今天的座談會也沒有召開的必要。所以，『法代會』設法提供這個講台，獻給大家。」

這是一九七一年十月十五日下午七點，我以「法代會」主席身分召開「言論自由在台大」座談會的開場白，敲響推動「言論自由」的鐘聲。

座談會在法學院圖書館三樓大會議廳舉行。把法學院圖書館作為演講活動的場所，是我們的創舉，也是和訓導處硬拗來的成果。現場湧入四百餘名師生，劃破寂靜夜空。陳鼓應老師形容這場面為「台大二十多年來首見」。

座談會要成功，需要有兩個條件，第一要吸引人來，第二要控制場面。

為了替「言論自由在台大」座談會造勢，我們瞞著訓導處，未經審稿印了一萬份快報〈我們要說話的權利〉，散發到全校各角落。此舉踩到情治機關的痛腳，竟以匪諜罪名，進台大校園，要拘捕洪三雄，但被張德溥訓導長擋了下來。這是後來我們才

陳玲玉在「言論自由在台大」座談會致詞

「言論自由在台大」座談會現場

知道的史實，容後再說。但重要的是，「快報」成功的宣傳攻勢，讓這場座談會，在台大校園、甚至台灣社會，造成震撼。

「那天晚上，我騎腳踏車興奮跟在同學的身後，一路騎到台大法學院校園。那是我第一次進台大。沿路問到圖書館座談會，人山人海，我們幾個夜校生，拘謹地坐在最後一排，抬頭望向台上那些慷慨激昂又罵著國民黨的台大學生，我的心底震驚不已，套句時下用詞：『他們，好屌！』導演吳念真回憶說。

當時念高二的吳念真，白天在診所當藥房助理，晚上念延平補校。在美軍單位工作的同學，常常帶來《大學新聞》《台大法言》等刊物，在課堂傳閱。聽到台大學生要辦座談會，吳念真立刻跟同學去「見世面」。

吳念真記得張德溥訓導長氣急敗壞地說：「以下的發言，你們自行負責。」從瑞芳來台北念書的鄉下小孩，驚訝地感受：「同樣是學生，台大師生的麻辣程度，果真不一樣。」

「我們不必把言論自由視為洪水猛獸。相反地，我們應該對言論自由持有一種積極的、進取的看法，把言論自由視為維護社會與政治健康的利器之一。」楊國樞一開始就說出大家心裡的話。

陳鼓應上台，全場屏息以待。「我建議台大設立一個『民主牆』或『自由牆』，任何教職員和學生，都可在這牆上把自己的意見張貼發表。」瞬間歡聲雷動，對一向乖乖的台大學生，「民主牆」可是前所未聞的新鮮玩意兒。

「歌星都有自由上台唱歌，學生為什麼沒有自由上台講話？歌星唱的萎靡俚俗歌曲都能獲准，學生說的肺腑之言反而不准？豈有此理！」王文興一台上劈頭就質問校方。

台下幾陣熱烈掌聲叫好之後，王文興又振臂幫學生爭取：「學生可以有打老師分數的自由。」這種創舉聽在學生耳中，簡直不敢置信。王文興說：「我希望同學聽完演講後，自動自發自己動手來做，這完全是為了挽救台大日益衰退的師資水準。」

「學生跟老師打成績？」我們被「尊師重道」灌輸多年的腦袋，簡直像廣島原子彈炸過般震撼，久久無法回神。大家面面相覷、雀躍不已。

最年輕的王曉波跟著強調：「孫中山先生說的好，民權是爭取得來的，自由是民權之一，當然是爭取得來的。」「一些抱怨學校箝制言論自由又不敢爭取的人，根本不配享有言論自由」。

百家爭鳴，蔣孝勇現形

「言論自由在台大」座談會的七位老師演講之後，我重掌麥克風，邀請同學自由發言。

有位楊姓同學劈頭就問張德溥：「請問總教官，憑什麼蔣經國的兒子蔣孝勇被陸軍官校退學，可以轉學來台大？這樣對聯考進台大的學生，非常不公平。」現場一陣騷動，大家這才知道台大有一個「特殊背景的學生」。

煮沸的熱水，鍋蓋無法密合，只能掀開……

「我第一次在公開場所聽到有人質疑蔣介石為什麼可以一直當總統？不用改選？嚇到全身發抖。」當時擔任《台大法言》編輯的楊鴻江說。他是彰化溪湖鄉下長大的小孩，學校白色圍牆塗著「效忠領袖」斗大字樣，他以為全台灣每一個人應該都是這樣忠誠地擁戴蔣介石。

《大學新聞》總編輯林重文痛批：「上學期《大學新聞》有篇批評『健言社』的文章，審稿後竟變成歌功頌德的文字。」他難掩怒氣衝天說：「荒謬落伍的審稿制度，竟出現在我們台大，豈不可笑！」

輪到代聯會主席王復蘇指控了。他在主編《台大青年》時，「有次我送了十九篇稿子去審核，結果回來少了兩篇稿……追問審稿先生，他面有羞赧地說：『已送校方有關單位參考。』」

訓導長張德溥見砲火激烈，當場提出由教授加入，成立審稿機制。但《大學論壇》的錢永祥（哲學系，曾任中研院研究員）緊接著發言：「審稿制度在目前談不上任何教育性或輔導性；即使未來由教授組成審稿小組，我仍然不認為有足夠的教育功能，而使我們非接受審稿制度不可。」台下掌聲如雷。

台大學生第一次可以上台暢所欲言，會場裡洋溢著激動與歡欣。《自立晚報》的「新聞眼」描述：「盛況堪稱空前，場面之熱列實所罕見。」

原訂九點半結束的座談會，十點才欲罷不能地劃下句點。目送洶湧人潮從圖書館樓梯口慢慢消失，我和洪三雄對於當天發生的一切，覺得如夢似幻。

恐慌的黑色喜劇

「這是夢境嗎？我們竟然可以在校園聚眾辦座談會、公開砲轟校方、批評時政、揭露心中的疑問，把不敢講的事情，毫無保留地當眾攤開？」我和陳玲玉精神昂揚地走出校門口，但也忍不住擔心：「過了今晚，我們會有什麼樣的明天？」

陳鼓應回憶，第一場「言論自由在台大」座談會結束的深夜，興奮又忐忑回到家中，太太憂心忡忡地看著他。

兩人默默無語，洗澡更衣才躺下，門鈴響起。

他跟太太說：「來了，他們（情治單位）來了。」

太太手忙腳亂地幫他穿戴整齊。

門一打開，兩名歐巴桑操著台語問：「借問ㄟ，這裡是不是×巷×號？」

原來是南部媽媽北上來找台大兒子的學生宿舍，按錯門鈴。

座談會次日，一群人擠在陳鼓應老師的辦公室，聽他談起這段黑色喜劇片般的畫面，我和陳玲玉捧腹狂笑，笑著笑著，流下淚來。

十月二十六日，「言論自由在台大」座談會的十天後，台灣宣布退出聯合國，卡在國際險灘上，進退不得。一時之間，校園充滿悲憤氣氛，大家莫不想為這個苦難的國家，也為自己，尋找出路。

「晚上七點，大家聚在家徒四壁的客廳，鋪上報紙，擺上花生米、豬頭皮、高粱酒。聽完蔣介石『莊敬自強、處變不驚』的廣播，王杏慶突然回到他房間，拿出美國密西根大學獎學金入學許可通知，當眾宣佈『國家有難，美國我不去了！』」

王曉波回憶退出聯合國當晚在王杏慶租屋處的情景，現場還有黃榮村、馬英九等人。王杏慶的舉動被媒體刊載後，蔣經國立刻安排接見，稱讚他是「愛國青年」的楷模。

之後，包括王杏慶、王曉波、邱立本（現任《亞洲週刊》社長）、錢永祥和我等十五名大學生，聯名撰寫了〈這是覺醒的時候了〉乙文，刊登在一九七一年十一月的《大學雜誌》上，「呼籲學生從考試的象牙塔跳出來，打破以往對政府的漠視與畏懼，發揮傳統書生與聞國是、忠言直諫的情操，以備將來從事政治、社會的革新。」

十二月八日《聯合報》也登載以王杏慶領銜的二十三人〈我們的呼籲〉，「籲請全民對政治的參與」「敦促政府強化行政功能」「剷除剝削民眾的害民賊」「消滅社會進步的絆腳石」。聯名的人有洪三雄、李慶華、陳陽德、錢永祥、馬英九、施顏祥、盧正邦等人。

《大學雜誌》十一月和十二月兩期，連續刊載了「言論自由在台大」座談會紀錄。一九七二年元月號的《綜合月刊》發表了社長張任飛的專論「我們需要自由而負責的言論」，對陳玲玉主持座談會的開場白表示：「說得很感動人」，他呼籲「言論自由是要人們去爭取的」。日本的《天聲雜誌》也刊載座談會紀錄全文，強調「唯有以自由、民主才能使全國上下發奮自強。」

時任市議員的康寧祥看到陳玲玉在台大主持座談會，好奇打探。當他得知陳玲玉出身南投集集時，驚訝的向她說：「我不知道台灣囝仔，這麼將才（大將之風），因為妳的國語太不像台灣人，以為妳是外省囝仔。」她回家講了此事，爸爸說：「請康議員來家裡吃飯吧」，就這樣兩代交情延續至今。

校園外的聲援，是我們年輕學生的一大精神支柱。校際間的合作，對主導學運的我們，也是一針強心劑。

「言論自由在台大座談會」之後，有好幾次，陳玲玉位於八德路家中的門鈴，總是在早上七點左右響起。

站在門口的，是「高雄醫學院學生代表會」主席陳永興（曾任立法委員、現任羅東聖母醫院院長）。在沒有高速公路的年代，他搭乘夜車，從高雄花了六、七個小時北上，趕在陳玲玉上學前，和她一起搭公車去台大法學院，在校園內討論《台大法言》的內容及「法代會」追求自由民主的活動。

「高醫」與台大「法代會」能成為南北串聯的戰友，應歸功於陳永興的妹妹陳昭惠，她當時就讀台大經濟系，總是把《台大法言》帶回高雄給他分享。

我們在台大舉辦「言論自由座談會」，爭取教授審稿，陳永興也在高醫發動「軍訓教官退出審稿」，他的結局也是「被記過」。除了高醫，台中東海大學也都出現爭取民主自由的校園刊物，形成跨校串聯的趨勢。

陳永興、陳玲玉和我，從青春年少的大學生相識，迄今四十多年，早已成為志同道合的好伙伴。我應陳永興之邀擔任董事的陳文成基金會，於二〇一五年一月二十四日開會時，陳永興建議由楊維哲（陳文成老師）、張富美（曾任國大代表）和我三人組成董事會的代表小組，和台大學生協商台大為陳文成立碑之事。當天陳文成的二姊陳寶月說：「謝謝三十五年來永興不變的支持」。陳玲玉則說：「永興一直都是在高醫唸書時，我認識的那個人。」

談判桌上的探戈

「這不是我單方面可以核准的，國民黨知青黨部馬書記長才是關鍵。」張德溥拋出一招。「言論自由在台大」座談會後不久，我們又申請「民主生活在台大」座談會。張德溥雙手一攤，說：「你們要辦座談，得向馬書記長請示，核准才行。」

「豈有此理，為什麼學生活動，要國民黨同意？」洪三雄火氣來了。

台大學生註冊時，最後一攤是國民黨的黨員招募與登記處。這項做法，在校園內行之有年，洪三雄擔任「台大法代會」主席時，屢次向校方抗議，校方才識趣的收了攤位。「知識青年黨部」是校園的太上皇單位，校長與訓導長都得看他臉色。

一九七一年秋天，國民黨知青黨部書記長是馬英九的父親馬鶴凌，剛上任十幾天，張德溥把問題丟給他。但我靈機一動，何不順水推舟？

「馬書記長，我知道，您才剛上任，所以特地邀請您來參加我們法代會主辦的『民主生活在台大』座談會，請您蒞臨給同學們一些寶貴的建議。」我面帶微笑、自信地站在馬鶴凌面前，技巧地將「申請」變成「邀請」，「核准」變成「演講」。

當時，「讓年輕人說話」正是蔣經國準備接掌政權期間的顯學。馬鶴凌一聽我的誠摯之言，爽快點頭。張德溥事後跟陳鼓應說：「我以為這兩個孩子會打退堂鼓，沒想到他們是打蛇隨棍上。」

面對權勢比你大的人，如何在談判桌上獲得你要的東西？孟子不是說過「說大人則藐之」嗎？「先為對方鋪好台階，減少阻力，才能讓自己的目標更快速、更順利地達成。」這就是學運期間孕育出來的談判歷練。

我常說，「讀人」比「讀書」更重要。「讀人」就是「讀心」，也就是要懂得「同理心」。「同理心」，讓我可以在理解對方的企求與擔憂之後，膽大而周詳地提出足以使對方接受的訴求。

這是在主導「台大法代會」期間跟校方談判時，我和洪三雄在策略上的最大不同。我深知洪三雄的智慧、執行力與嫉惡如仇的個性，以致大學時期常撞得頭破血流。他現在已過耳順之年，雖經我「枕邊細語」調教多年，修養精進很多，但他心中仍難掩強烈的憤青之情。

台大畢業後，我們的默契是，他的每一篇文章都得經過我「審稿」，才能發表，「我是你一輩子的小警總」。他不惜代價衝撞了台大的審稿制度，卻戴上我的審稿緊箍咒，不得翻身，真是有趣的人生。

椰林大道上的一百張海報

「東北季風很強，整排大王椰子樹，樹葉沙沙的刮出聲音。同學們兩人一組，一個打漿糊撐著、一個頂著風壓住，才順利把海報貼上樹幹。一整夜，手臂舉高，蹲馬步，近百棵椰子樹貼下來，回到家裡，手已經舉不起來了。」

「法代會」男生們對於這份苦差事記憶猶新，但台大校總區椰林大道上整排樹海貼上「民主生活在台大」的宣傳海報，展現前所未有的民主恢弘氣勢，讓我們苦盡甘來，興奮不已。

為了替「民主生活在台大」座談會造勢，擔任「法代會」主席的陳玲玉一聲令下，男同學們在台大椰林大道上，一夜之間，張貼上百張海報。這在台大也是一項創舉。

記得大一入學，第一次踏進台大校門，陽光灑下，大道上成排參天大王椰子樹，影蔭成片覆蓋在地面，猶如無邊的地毯，引我踏入。仰望天際片片雲彩，我心情激動莫名，耳邊響起了磅礡的音樂，「This land is mine, God gave this land to me...」，那是電影《出埃及記》的旋律，轟轟直竄我的腦門。

一個彰化鄉下小孩，孤伶伶地走進台大，椰林大道呈現出來的氣勢，讓我驚訝、感動的說不出話來，彷彿有「天將降大任於斯人也」的莫名使命感。我還不知道會在大三那年投入學運，只覺得一整排比我更早走過歷史的椰林大道，有某種時代的召喚，不能置身事外。

「五〇年代高呼民主的《自由中國》之聲，終因雷震下獄而消音；六〇年代為自由思想啟蒙的《文星》之光，也因李敖的坐牢而匿跡。自由和民主在台灣，宛如風中殘燭，舉辦『民主生活在台大』座談會的初衷，不是只在談談台大的民主，也不僅在倡導民主的台大，而是更要求民主的台灣。」我在一九九三年出版的《烽火杜鵑城》

（左起）陳玲玉、胡佛、洪三雄

陳鼓應於「民主生活在台大」座談會

洪三雄著作《烽火杜鵑城》

一書中，這麼寫著。

民主生活在台大

「法代會」一百張巨型的海報宣傳，再度席捲杜鵑花城。

一九七一年十一月二十五日下午七時，「民主生活在台大」座談會在法學院的圖書館三樓召開。應邀參加座談的人士有：陳鼓應、林正弘，黃默（政治系客座教授）、胡佛（政治系教授）、洪成完（數學系講師）、張德溥（代理訓導長）及馬鶴凌（國民黨知青黨部書記長）等七人。

和「言論自由在台大」座談會一樣，再次人山人海。與會師生四百餘人，會場爆滿，氣氛熱烈。

胡佛說：「一般來說，民主生活的基本要件是『參與』。沒有參與，就談不上民主；沒有民主，哪來現代化的政治？」

「政府不希望年輕人多參與政治，這自然使同學表現出比較冷漠、消極的態度。」剛回國任教不久的政治系客座教授黃默，一針見血地指出了政府蓄意冷處理學運的態度。林正弘呼籲校方不妨重用「學生輿論的力量」。

來自理學院的洪成完，語出驚人：「我們的教育環境與教育制度，促使年輕人變成只求安穩，只想出國的『來亨雞』。但現在不是『來亨雞』式的專家政治的時代，是極需踏踏實實創建的時代。」

「我主張開放學生運動！」陳鼓應一上台就直指：「國民黨擔心學運，是因為共產黨操控學運，導致國民黨丟了大陸。但是，這是長他人志氣，滅自己威風。」

陳鼓應言辭激昂，滿堂學生歡聲雷動。

講台上的馬鶴凌趕緊搬出國民黨的政策緩頰：「敵人可以利用你對國家的忠貞、對父母的孝敬、對朋友的信義。所以，我現在要強調，今天青年愛國首須具備各種對匪鬥爭的知識和技能。」

座談會結束了，我跟貼海報的同學疲憊中帶著興奮，到椰林大道逐一撕下海報、拆掉看版。抬頭夜涼如水，烏雲被吹得飛快，皎月偶爾露臉。一夜的激情後，心中期待的民主，正如夜空皎月時隱時現。

眞性眞情林毅夫

來自鄉下的學生，誰不編織著「台大」的美夢？

椰林大道上的民主生活海報（左起：葉民強、陳玲玉、李宗黎、陳士魁、洪偉堂）

馬鶴凌與陳玲玉在「民主生活在台大」座談會

「言論自由在台大」座談會隔天，「台大法代會」辦公室，一名短髮、手長腳長、帶濃濃宜蘭腔的男生走進來，坐在我面前。他憤慨地說，他對台大懷抱美夢，才來到杜鵑花城念書。可是，不到一個月，他發現台大學生有兩個問題，一是「自大」、自我標榜；二是「虛偽粉飾」，只重視看得見的分數。這兩個缺點，讓台大人只念書，不問世事，成為順民。

隔月，他在《大學新聞》舉辦的「理想的台大和台大人」座談會中，再度指出「台大人不應該不關心世事，要走出象牙塔」「多關心我們的國家吧！」座談會主席文榮光回應：「謝謝林同學，天真人所說的天真話。」引起哄堂大笑。

這憂世嫉俗的人，就是林正義（農工系），也就是後來成為世界銀行副總裁的林毅夫。他當選「大一學生代表會」主席後，常來「法代會」找我相談。他認為，要解決台大人對時事的冷漠，唯一的解藥就是「走出知識的象牙塔」。

在「民主生活在台大」座談會上，我又看到林正義的身影。

座談會結束前，他站上講台激動的發言：「要消除我們台大人的冷漠與不關心，除非政治、教育、社會有所改革，否則必不可得。」

他提出三項建議：「第一，言論必須自由。第二，當政者必須給我們一個發言的地方和機會，不可不聞不問不答。第三，社會上對學生好壞的看法必須改變。」

隔年，在成功嶺寒訓班，他向參謀總長賴名湯請纓報國，「投筆從戎」。一九七二年三月一日，他抵達陸軍官校，成為第四十四期學生。

離校前的二月二十九日下午，台大師生代表為他舉辦惜別茶會，校長閻振興特別送他一份名貴的手錶和鋼筆。

這個敢愛、敢恨的學弟，後來在金門服兵役時，再度做出駭人聽聞之舉，游泳投靠到中國陣營去了，成為對岸栽培有成的國際級經濟學家。此刻，不知他從台大帶走的名貴手錶、鋼筆和「英勇報國」的讚頌，是否依然隨身？

一個宜蘭小孩，從「愛國者」的天真到「叛國者」的失落，在時代悲劇的夾縫中痛苦的掙扎與抉擇，令人不勝唏噓。

袒裎相見馬英九

二〇〇八年五月十九日，馬英九就任總統的前一天，我們台大法律系的同班同學開同學會，大家圍著新科總統有說有笑。

但，也只有那一次。「與有榮焉」的感覺不見了。往後的六年，儘管班上的召集人特別註明「馬總統會出席哦！」我再也沒出席過同學會。

曾經連續兩年，我在政論雜誌的專欄上，撰文評論馬政府的執政。二〇一三年馬總統發動「馬王政爭」，我就評之：假藉「法律」解決政治的私慾。翌年馬總統對「太陽花學運」的回應，有八二%民眾不滿，我則指其：高估自己、錯估民意！

這種恨鐵不成鋼的遺憾，不只我一人。

二〇一三年十一月我和王杏慶受邀去政大參加「知識份子與台灣民主化」座談會。談到統治者的無能，王杏慶感嘆：「馬英九被丟鞋子，我認為完全正確……政府失能，把國家搞得亂七八糟，老百姓丟鞋有什麼不對？沒對你丟手榴彈就不錯了。」「你把國家治理好，老百姓就不會抗議。治理不好，抗議權是天賦的，老天給我的，我當然可以抗議。」

王杏慶氣呼呼地罵著他「從小看到大的馬英九」，眼前不禁浮起四十年前在北投陳逸松（律師，曾以黨外身分競選台北市長）的溫泉別墅，我和馬英九一場激辯的情景，兩人僵持對峙的熱度，不下於我們浸泡的溫泉池水。

馬英九的父親馬鶴凌，是掌控台大學生的知青黨部書記長。在我跟陳玲玉策略性邀請下，馬鶴凌出席「民主生活在台大」座談會，他原本想來安撫學運之火，沒想到火越燒越旺，燒往自己身上。

「開放學生運動」「爭取民主、注重參與」「挑戰威權的政治傳統」「否定教官制度」「倡議省長直選、中央代表全面改選」等敏感議題，台大學生在座談會中的訴求，猛藥越下越猛。

尤其，「中央民意代表應否全面改選」辯論會，「等同把老國代送給學生公審。」這可激怒了國民黨內元老重臣，怒斥「學生運動」等同「學生暴動」，終而導致馬鶴凌在知青黨部做不到三個月即下台，被稱為「百日維新」慘敗事件。

介於「同學」與「父親」之間，馬英九在校園內一向以中庸之道自居，他幾乎沒跟學運派的我們過招，不讓自己陷入左右為難的困境。

直到在陳逸松的北投溫泉別墅，我們才有了第一次的交鋒。

陳逸松的女兒陳雪梨跟錢永祥熟識，常把那幢沒人住的北投別墅借給大家，是我們這一群人的秘密陣地。有時候辦讀書會，有時候辦編輯營，當然也有喝小酒、吃火鍋的歡樂聚會。

有一天，錢永祥說要帶他的「建中同學」一起來，結果是馬英九。他跟錢永祥、盧正邦建中同窗。當時，馬英九已經卸下了「台大代聯會」秘書長職務，遠離社團活動。

那一晚，大夥袒裎裸裼泡在北投陳公館的溫泉池，煮酒論政，高談闊論國民黨的

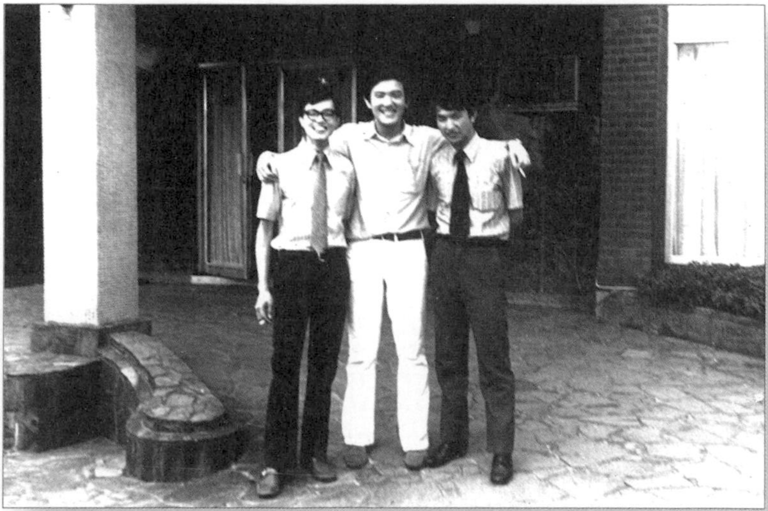

（左起）洪三雄、馬英九、盧正邦

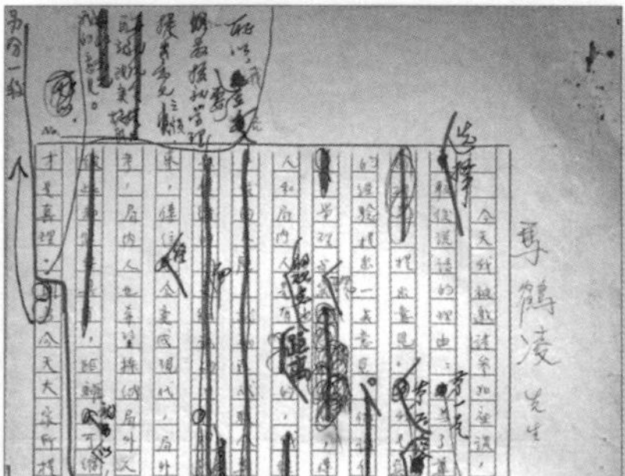

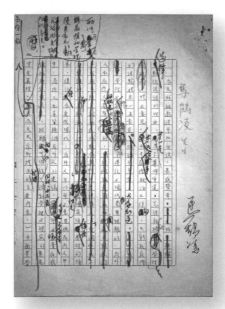

馬鶴凌修改台大座談會記錄的手稿

腐敗、極權，與台灣人追求的民主、自由。激辯過程中，大家覺得馬英九是國民黨一手栽培的新秀，應該懷抱更多改革企圖與積極作為，促使國民黨來傾聽台灣人民的心聲。

依稀記得那天溫泉池中煙霧瀰漫，大家越泡熱泉，氣氛越來越高。有人建議馬英九應該站在改革派這邊，在國民黨內揭竿起義。馬英九一臉無辜，吞吞吐吐，自認很難使得上力。

看到他繼續打太極拳，我當場直言：「不用再講了，你簡直食古不化。國家處境敗壞如此，你居然還死抱著『國民黨殭屍的大腿』不放。」不知道是溫泉太熱，還是氣氛太冷，馬英九看了看大家，默默地從池中起身離去。事後，他還為此向王曉波訴苦一番。

「國民黨殭屍的大腿」，從此成為我們同學、好友之間的共同記憶。

如今，看到身為總統的他，面對外界指責時，仍是高喊著「法治」、「道德」、「大是大非」等空泛字眼，為自己辯護，眼前不禁浮現，那天北投溫泉池畔那個默默轉身、赤裸裸的背影，離這塊土地越來越遠。

第四回
可敬的冤仇人，半世紀後的墓誌銘

終有一天，我要前往聖荷西的墓園，靜靜看、細細讀，碑上熟悉的生平略述。躺在這裡的訓導長，他在我台大畢業後一個月，記我一支大過；三十幾年後，他卻在臨終指定我為他撰寫墓誌銘……

開金龜車，領尚方寶劍的人

「麻煩了，字數不要超過五百字，爸爸臨終前交代的，這件事情一定要請你來做，不能假手他人。」電話彼端，是前台大訓導長張德溥的媳婦謝能芬從美國來電。二〇〇三年八月十六日，張德溥病逝，他交代獨子三件事情，「葬禮從簡」「不發訃聞」，最重要的是，找到台灣「洪三雄」這個人。

「交代洪三雄，寫我的墓誌銘，字數不超過五百字。」訓導長對我最後的要求，簡明扼要，威嚴中帶有期待，一如七〇年代，我們在台大校園屢屢過招，恩威並重，抗命不得。

一九七〇年元月，台大椰林大道出現了一台超炫、拉風的金龜車。他開著金龜車，臉方額滿，笑起來看似和藹，但眼神銳利，絕非簡單角色。

張德溥，台灣第一任「飛彈營營長」脫掉軍服，穿上青年裝（蔣經國任救國團主任時代的招牌裝），空降台大。

七〇年代初，蔣介石的身體狀況漸差，蔣經國已升任行政院副院長。當過救國團主任的小蔣，不斷舉辦青年自強活動、青年論壇，拉攏青年，塑造「青年導師」的形象，也開始安插自己的人馬進入校園。

張德溥的回憶錄寫著：「蔣經國對我說，現在台灣所有的大學我都能掌握，唯有台大我沒辦法，因爲它一向是自由派所操控，所以軍訓教官抬不起頭，國民黨不能發生作用，青年救國團也沒有用。」

領著蔣經國的尚方寶劍，張德溥來到台大校園，擔任總教官兼副訓導長，後來代理訓導長，我們都稱呼他「訓導長」。第一次見識到他的厲害，是他處理台大學生的釣魚台事件。

擦槍走火的「保釣會」

一九七一年四月九日美國國務院宣布，將於一九七二年把釣魚台列嶼行政權交還日本。全美華人聚集在華盛頓抗議，舉行「保衛中國領土釣魚台」的示威遊行。消息傳回台灣，僑生德明校友會貼出第一張大字報之後，錢永祥主持的「大學論壇社」領先在校園掛起兩條巨幅布條，寫著「中國的土地可以征服不可以斷送」「中國的人民可以殺戮不可以低頭」，字字血淚，猶如輓聯泣訴悲憤。

一個星期後，訓導處貼出公文，四月十六日晚上，召集全校班代表和學生社團負責人到校總區體育館召開「保釣座談會」。

當天下午，張德溥通知洪三雄先到台大對面新生南路巷子裡的一間日式建築開會。洪三雄到了現場，才知還有馬英九、王曉波等人。張一方面肯定保釣，另一面希望同學們見好就收。

當晚「保釣座談會」上，許多班代表慷慨激昂要求政府拿出魄力維護國格。熱烈發言之後，「法代會」主席洪三雄站起來，率先表示：「保釣運動在台大應該成立常設機構，系統地執行愛國運動，才有意義。」《大學論壇》社長錢永祥跟在洪三雄後頭上台呼應，王曉波（哲研所）接著起身高呼：「保衛釣魚台常設機構委員會立刻成立。」數百名學生代表鼓掌呼應，台大體育館猶如沸騰的鍋子。

這場擦槍走火的座談會，鬧哄哄開到深夜十一點才結束。眼見壓不住學生高亢的情緒，訓導處勉強同意成立「台大保釣會」。我在一九七一年四月出刊的《台大法言》詳細記載了當天「台大保釣會」成立的始末。

雖然同學們與張德溥的角色不同、立場對立，但就在那一晚，同樣被捲入歷史的洪流，成為大時代的棋子。

外交部長下台，校長公子代打

我和張晉城（法律系，曾任國大代表、立法委員）負責起草章程的「台大保釣會」，第一槍就是邀請當時剛接任外交部長的周書楷（後擔任聯合國大使，於一九七一年十二月二十六日代替蔣介石宣布中華民國退出聯合國）前來台大演講。

外交部長來校園向學生報告國情，是前所未有的事情。

「我跟蔣經國建議，一定要找周書楷來，否則學生情緒我壓不住。」張德溥回憶，周書楷滿臉愁容來找他，他建議周書楷只露個臉，上台跟學生講一些鼓勵的話。

但當天周書楷上台，一開口：「回想到我念書時，父母與老師都要求我好好用功，不要去過問外面的事……」台下學生譁然，舉手嗆話，跺腳抗議，喧鬧聲充斥體育館。

張德溥趕緊搶著上台打圓場，「剛才外交部通知我，要周部長趕快回去處理緊急要事，接下來請你們的學長錢復司長，他主管美國事務，會講得很清楚……」

周書楷倉皇跟隨張德溥轉入後台。

錢復是台大校長錢思亮的公子，他不疾不徐析述美、日、中三國對釣魚台主權依據，逐一回答同學尖銳問題，獨撐了將近三小時，才讓這場演講會安全落幕。

錢復在回憶錄中提到，由於台大保釣會演講極為成功，在蔣經國的授意下，他從四月二十一日演講後，一直到一九七二年五月底，各校園共講了七十二次。

第一場台大學生遊行的眞相

一九七一年初夏，美國總統尼克森表示要訪問中國大陸，台灣自覺國際孤立局勢逼近，釣魚台事件成了引爆點。

「台大保釣會」決定在六月十七日，美國與日本移轉釣魚台管轄權文件簽署日，發動街頭遊行，前往美國大使館和日本大使館，遞交抗議書。

「不讓學生走上街頭，出事，你們要負責；讓學生走上街頭，出事，我會負責。」張德溥同意讓學生上街頭，在國民黨內部受到很大挑戰。

中央黨部與警備總部總質疑他：「憑什麼相信學生上了街頭不會鬧事？」他回答：「現在台灣的大學生不比當初大陸學生，進台大的學生都是高中填鴨教育出來的，沒有遊行與抗爭經驗，無需害怕。況且他們要上街抗議的對象是日本政府與美國政府，跟政府的愛國政策相符。真正要擔心兩件事情，第一是共產黨混在隊伍內；第二是外人介入遊行，導致變質。這兩點我都可以控制。」張德溥在他的回憶錄中如此記載。

最後，張德溥獲得蔣經國同意，其他單位則冷眼旁觀，看他要如何接下台灣戒嚴時期這一場「被默許的示威遊行」。

王曉波回憶，遊行前一晚，張德溥到古亭市場他的租屋處，邀他在天橋下懇談，希望王曉波幫他，導引糾察，維持秩序，不要讓遊行脫軌。王曉波的媽媽章麗曼是政治犯，遭國民黨槍斃，父親王建文也因「知匪不報」，被捕入獄，兩人同蒙冤屈。王曉波就讀台大哲學研究所，跟陳鼓應都是殷海光的門生，是台大學運要角，張德溥請他當參謀，打探兼拉攏。

六一七當天，上千名台大學生集合在傅鐘底下，隊伍按照文、理、法、醫、工、農六組糾察隊行進，拉開「保衛釣魚台」「抵抗強權」「打倒帝國主義」等抗議布條，雄赳氣昂，走出校門。

一走出羅斯福路口，就有十五輛遊覽車等著，直接載學生到位於北門的美國大使館。那時候北門口是一個圓環，有兩個鐵路平交道，中間還有一片綠地小公園。略顯

（左起）陳沛健、張台雄、洪三雄代表台大同學在美國大使館前宣讀抗議書

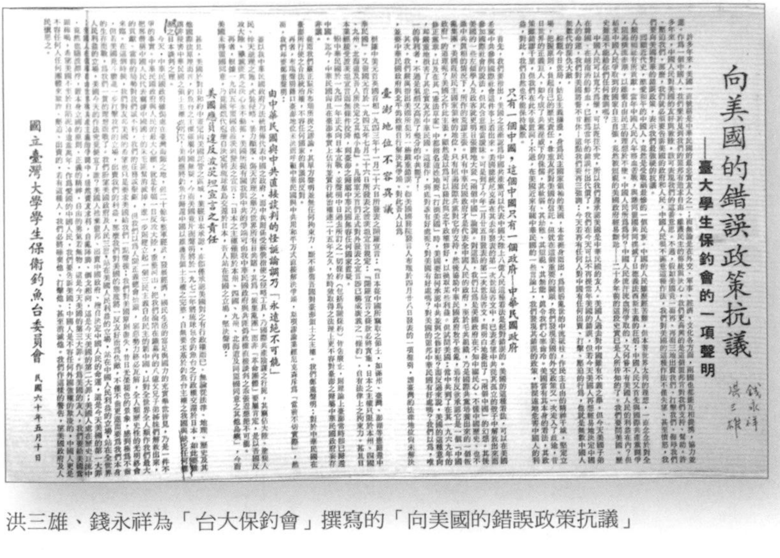

向美國的錯誤政策抗議

——臺大學生保釣會的一項聲明

錢永祥
洪三雄

只有一個中國，這個中國只有一個政府——中華民國政府

臺灣地位不容異議

由中華民國與中共直接談判的怪誕論調乃「永遠地不可能」

美國應負違反波茨坦宣言之責任

國立臺灣大學學生保衛釣魚台委員會 民國六十年五月十日

洪三雄、錢永祥為「台大保釣會」撰寫的「向美國的錯誤政策抗議」

斑駁的承恩門，被粗麻繩圈起來，四周站著軍警與穿著便衣的情治人員。

我、工學院的張台雄與僑生陳沛健三人代表台大同學，在美國大使館前高聲宣讀抗議書並入館遞交，現場的同學高喊「中華民族不屈服」「中國人站起來」，許多人頓時紅了眼眶。也有警察說：「我願意脫下制服加入你們的行列。」

離開北門口後，隊伍沿忠孝西路、中山北路，往農安街口的日本大使館前進。當時中華路尚未拆掉的陸橋上擠滿了人跟隊伍喊加油，揮舞國旗的民眾從辦公室窗口探出頭聲援，沿途不斷有熱情的民眾想要加入，都被糾察人員阻擋在外。

「日本鬼滾出去！」「倭寇滾出釣魚台！」到了日本大使館，同學的情緒更加高漲，隊伍中突然有人丟石頭，擔任糾察的王曉波馬上帶頭喊：「我們要站在戰場上跟日本人戰鬥，我們不屑用石頭砸門……」學生也跟著喊：「不要丟，不要丟」，化解了暴力攻擊場面。

日本大使館抗議結束後，學生們唱著：「槍，在我們肩上！」「偉大時代來到了！」等愛國歌曲，整隊回台大。遊行隊伍從狹小的農安街轉出林森北路時，十五輛遊覽車又整齊地排列在馬路口堵住隊伍前進。

校方在每輛車上準備了飲水與點心，訓導處人員在車旁呼喊：「同學們，你們辛苦了，先上車喝口水，吃點東西，繼續為國家奮鬥。」大家一愣，心中波濤起伏尚未平復，也只好收起布條與畫報，乖乖依序登車，就這樣糊里糊塗結束了台大學生的保釣遊行。

車子回台大途中，經過現在的新生南、北路，原本這條路當中是垂楊夾道的瑠公圳。我心想，走過這一趟遊行之後，釣魚台真的可以爭回嗎？我們的國家真的獲得新生嗎？我們真正的沙場在哪裡？

果不其然，「台大保釣會」一年後悄然消失了。這場開高走低的學運，讓我體認到，釣魚台事件本身涉及到國際局勢與歷史的牽扯，並非台灣就可自行解決。就社會運動而言，釣魚台事件自始就注定是無言的結局。

初生之犢，《快報》闖關

一九七一年間，從四一六「台大保釣會」成立到六一七街頭遊行，兩個月期間，動員了上千名同學，意味著「自由、民主、開放」的進步理念，獲得同學們的支持與參與。於是，洪三雄興致勃勃對我說：「我們應該延續同學們的熱情，把對釣魚台事件的關懷，移轉到對學校制度的改革和對自由民主的爭取。」

這個充滿理想的目標，種下了我倆和張德溥往後難解的恩怨情仇。

保釣遊行結束的那個暑假，要升上大四的洪三雄沒有回彰化老家，留在台北串聯各社團負責人。他也商請我接下「法代會主席」一職，並增設「台大法言社」，由他擔任第一任社長，許志仁掌總編輯，重整旗鼓延續學運生命。包括林永和（法律系，曾任新光人壽保險公司副總經理）、楊鴻江、卓𡌴龍（國貿系）、陳秀峯（法律系）、林嘉誠（經濟系，曾任行政院研考會主委）、蔣蓓蓓（工管系）的編輯群，從此把《台大法言》變成戰鬥力十足的「革命武器」。

一九七一年九月，我接任「台大法代會」主席，決定於十月十五日舉辦第一個大型活動「言論自由在台大」座談會。為了造勢，在訓導處不知情的情況下，洪三雄、錢永祥、盧正邦與我四人，在我的八德路家中，利用週末寫了一份兩個版面的《快報》《我們有說話的權利　天聽甚邇　人言曷病？》連夜印了一萬份，直送「台大法代會」辦公室。

擔心被訓導處攔截，十月十三日一大早，十名「法代會」的同學，把一萬份快報同時分發到台大醫學院、法學院與校總區的各個班級，告知大家，「我們要說話的權利」，並請踴躍參加十月十五日的座談會。

那天，海外僑胞應政府之邀返台參加雙十國慶，被安排到台大校園參訪，五、六

中華民國六十年十月十三日　臺大法言　星期三　第一版

快報

我們要說話的權利

出版：臺大法言社
本報發行一萬份

天聽甚邇，人言曷病！

法代會舉辦座談會——「言論自由在臺大」

「談臺大言論自由」的發端

法代會主席　陳玲玉

現代印刷公司
我們以十足的經驗　服務文化界！
・精印・　圖書　報導　雜誌

國泰　留學補習班
臺北市南陽街廿五號
(TEL:384812)

《台大法言》未經審稿的《快報》

任職台大前的張德溥

（左起）張德溥、洪紹凡、陳玲玉、洪三雄於聖荷西張德溥家中

輛遊覽車停放在椰林大道旁。洪三雄神來之筆，把《快報》分送到各遊覽車，很多華僑因此看到《快報》上抨擊校方與政府箝制言論自由的言論。

當晚，僑委會在僑光堂舉行國慶晚會，僑胞拿著《快報》詢問官員：「政府在幹什麼？為何學生沒有言論自由？」讓官方顏面盡失，更引起了情治高層的不悅。

張德溥開始調查這份未經校方同意就散發的《快報》，「果真是洪三雄主謀幹的，更讓人生氣的是，這群學生開始避不見面……」

張德溥很快地找到我跟洪三雄，當面痛斥：「你們怎麼可以陽奉陰違？我連『言論自由在台大』座談會都同意召開了，你們怎麼可以私自出《快報》宣傳？」

年輕氣盛的我們，無視張德溥的暴跳如雷，還因偷渡成功而沾沾自喜。孰不知，大禍已經臨頭。

久別重逢聖荷西

台大畢業多年後，父親居然聽到商界友人，啟台公司蔡永興董事長轉述：「經濟部物價督導會報的官員張德溥提及，他在台大訓導長期間認識的學生中，洪三雄與陳玲玉是最優秀的學生。」

「真的嗎？大學時代對我們兩次嚴厲懲處的人，會誇讚、賞識我們嗎？」我心中半信半疑。

直到一九九〇年，洪三雄陪女兒在美國唸書期間，聽說張德溥訓導長移民到San Jose（聖荷西），距離我們住的舊金山灣區只有一個小時車程，我們決定去拜訪他。

張德溥和他太太住在環境清幽的老人別墅園區。看到以前雄糾氣昂的訓導長，體態與動作已顯蒼茫年邁，心中感觸良多。二十年前，師生互槓，如今異鄉重逢，他看到我們兩個步入中年的憤青，更是激動，話匣子一開，滔滔講出一九七〇年代那兩年，我們師生三個人在台大風起雲湧的秘辛。

冤仇人救我一命

張德溥於一九七〇年初領著蔣經國的尚方寶劍來台大，立威校園、拉攏學生；另一方面，小蔣也要借軍訓系統的加入，拉緊黨、政、軍、特四方在校園撐起的恐怖平衡。

張德溥自知，「是蔣經國階段性的棋子，進退不由己。」沒想到，他的開明作風最後造成反動勢力的反撲，自陷白色恐怖的網，掙扎難解。

當時，國民黨有四大系統在校園運作，分別是張寶樹的國民黨系統、王昇的政戰體系、宋時選的救國團路線、和張德溥的軍訓系統。其中，宋時選的救國團，較支持訓導處；政戰與黨務系統，如日中天、目中無人。

張德溥說，當初蔣經國要他接訓導長時，「我只有一個條件。我知道各情治單位在台大從事地下反共工作，我不聞不問他們工作內容，由他們的上司去管理。但，如果他們要搜查校園、查禁違法物品、約談學生等，事前必須經過我的同意。」

蔣經國當下打電話給主管全台情治單位的警備副總司令王潔：「以後你們情治單位對台灣大學校園的行動，都要得到張德溥同意。」

「果不其然，《快報》發行的隔天下午，警備總司令派保安處副處長吳章炯持總司令的公文找我，要約談洪三雄，要立刻把他帶走。我問，警總為什麼要約談洪三雄？」

張德溥回憶錄上寫到《快報》事件之後，這一段總警上門跟他要人的過程。

「我們認為他即使不是共產黨，也有共產黨嫌疑，這麼嚴重破壞政府的行為，我們一定要帶走他。」吳章炯說。

「洪三雄只是反政府言論，不能跟匪諜劃上等號」，張德溥嚴詞拒絕。

吳章炯不爽：「好，訓導長，這個人我們不要了，你交出一個共產黨或共產黨嫌疑人給我。」

「我是總教官，這張臉全校皆知，就算是共諜，怎麼會在我眼前露出言行？倒是我要問你們這些情治單位，在學校給津貼僱用學生與老師，你們的責任就是跟共產黨進行地下鬥爭，查出共產黨的蹤跡。現在學校鬧成這樣，我倒是要跟你要共產黨是誰？你若不交出來，這場學潮你就要負責了。」

吳章炯愣了一下，無言以對，敬個禮就走了。

不久，換警備總司令打電話來緩頰：「小老弟，我們希望你這次鬆手，讓我們約談洪三雄。」

「報告總司令，如果他是共產黨，我會負責。」張德溥說。

到了晚上，換成蔣經國的秘書打來：「蔣先生要我轉告你，警備總司令打電話給他，希望他指示你把那個學生交出。」

「蔣先生的答覆是：台大校園的事情都交給張德溥將軍了，約談要看他的意思。」

原來，那場《快報》事件，還鬧到蔣經國那裡。

我何其僥倖，剛好卡在蔣經國對張德溥的信賴還在蜜月期間，黨政軍特各方勢力仍在校園逐霸，意外拉出權力中空期，讓張德溥能適時為我當起防火牆，保住了我的性命。

「一旦到了警備總部，脫離了我的權力範圍，我就無法保你，你一定回不來了……」

一九九〇年，白髮蒼蒼的張德溥在美國San Jose（聖荷西）親口對我解密這一段二十年前的真相，我驚愕地說不出話來。

心中回想一九七二年八月十八日，我和陳玲玉被訓導處以「攻擊校方」為由記過，當時我已經畢業一個多月了。「記過通知書」寄到彰化老家，父親看了大怒，直斥：「這款教官，欺人太甚，叫這些人去吃屎！」這份慘痛又悲壯的畢業禮物，讓我帶著累累傷痕離開台大，求職碰壁、出國受阻。

這位台大時期令我們咬牙切齒、纏鬥智搏的冤仇人，竟然是我的救命恩人！

張德溥還說：「《快報》事件後，我私下到洪三雄彰化老家與他以前唸過的學校探訪，他家在彰化八卦山下，是一棟舊式的台灣民房，其父早已自文化界退休，母親是一個單純不識字的鄉下女子，幫人做裁縫度日，生活條件極為艱困。」

張德溥曾到過彰化老家私密探訪我的家世，並保護我不讓警總帶走。這些內幕，都是我台大畢業近二十年後，我們在美國相聚，才從他口中得知。

他對我說：「三雄，在學校你是跟我爭執最多的學生，但也是我這輩子最欣賞的學生。」

窗外聖荷西老人別墅園區花木扶疏、景色宜人，灑滿一地陽光，但我渾身發冷、不斷冒出自責與愧疚的汗水。

羞愧的救贖

年少時和學校對抗，同學們不滿張德溥訓導長，常給他戴上「黨棍」「特務」的帽子，也不時怨嘆，我們自由的靈魂受到他的壓制與傷害。

一九九〇年在聖荷西多次見面之後，獲悉張德溥在我們畢業不久，被迫離開台大。蔣經國原本答應要讓他回到軍中擔任中將軍長，卻因為我們在台大杜鵑城猛烈燃放的兩年烽火，讓他得罪了情治及黨部單位，阻斷了軍旅前程。

「任職台大兩年半後，蔣經國告訴救國團執行長宋時選，『我們曾經在大陸有好幾個高級將領，由於處理學生運動垮了台。張德溥處理到現在，已經很不容易了，我們現在應該讓他離開了。如果還不離開，總有一天也會躺著下去的。』所以通知國防部，一九七二年叫張德溥以中將占缺，離開台灣大學，候補軍長。」張德溥回憶說。

這番充滿體恤慰藉的話，其實只是表面客套。蔣經國答應要給他的中將軍長職位，被軍方完全否決。他苦等兩年未果，只好抱憾接受外放到經濟部「物價督導會報」當副執行秘書（經濟部長孫運璿擔任主席、次長劉師誠任執行秘書）。

張德溥回憶錄自剖：「在台大的開明作風，使我樹立了很多敵人。不僅政戰部搜集製造我的資料，說我是『忠貞可疑份子』；國民黨黨部更是把我視為『提油桶救火』的危險人物。」

前途大好的「青壯中將」張德溥，卻被我們搞到淪為「物價督導會報的副執行秘書」，一生無法重返軍戎。每念及此，總是深感自責與羞愧。

這個極具戲劇性的事件，也帶給我人生最大的省思。

我常提醒自己：「不能用自己眼睛片面看到的、耳朵聽到的、心中理解的，去批評他人，甚至指責他人，因為我們不知道全部的事實真相。」「我執，是最可怕的心魔。」

我倆常自省：「能在《快報》事件的二十年後，獲知訓導長不顧己身前途、全力保護學生的真相，還得到諒解與救贖的機會，真是人生不幸中的大幸。」

聖荷西見面後，洪三雄和張德溥互動頻繁，還受託幫助他進行口述歷史。我們也從他的娓娓道來，知悉他進、出台大的真相，與被扯入蔣經國權力佈局的無奈。更因他挺身仗義直言，而為陳鼓應老師等人「台大哲學系事件」的平反，提供了有力證據。

半世紀後的墓誌銘

「張將軍爲人剛毅、盡職負責、守正不阿。惜乎官途艱險，屢遭白色恐怖所絆，雖占中將缺卻始終無法就任，以致壯志未酬，抱憾終身。晚年仍懷時憂國，更挺身爲平反『台大哲學系事件』錄音作證，樹立歷史正義之典範。」

這是二〇〇三年八月我為張德溥訓導長撰寫的墓誌銘，最後一段文字。

我這一生都不能忘記，在我青春衝撞的過程，台大發給我的那張薄薄的「記過通知書」，承載著張德溥訓導長幫我擋下的各種巨大的責難與壓力，讓我在他的庇蔭之下，幼稚又無知地閃過一次又一次險些成真的政治迫害，留我活命到現在。

我的「冤仇人」，其實是我的「救命恩人」！

1970 年台大「法代會」組織名單

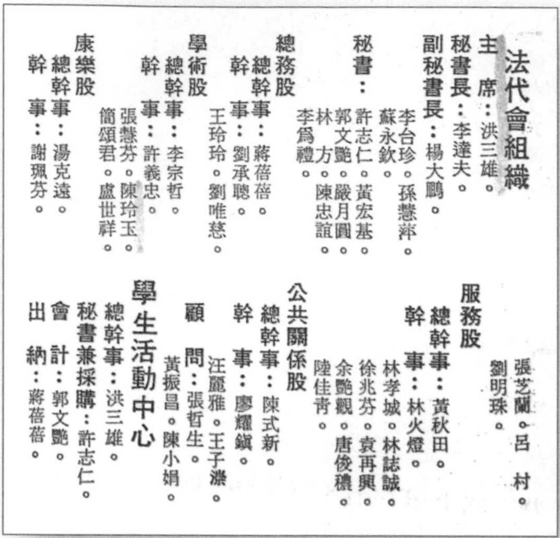

法代會組織

主 席：洪三雄。
秘書長：李達夫。
副秘書長：楊大鵬。
秘 書：李台珍。孫慧萍。蘇永欽。許志仁。黃宏基。郭文艷。嚴月圓。林 方。陳忠誼。李爲禮。

總務股
總幹事：蔣蓓蓓。
幹 事：劉承聰。王玲玲。劉唯慈。

學術股
總幹事：李宗哲。
幹 事：許義忠。張慧芬。陳玲玉。簡頌君。盧世祥。

康樂股
總幹事：湯克遠。
幹 事：謝珮芬。張芝蘭。呂 村。劉明珠。

服務股
總幹事：黃秋田。
幹 事：林火燈。林孝城。林誌誠。徐兆芬。袁再興。余艷靚。唐俊禮。陸佳青。

公共關係股
總幹事：陳式新。
幹 事：廖耀鎮。汪麗雅。王子濼。
顧 問：張哲生。黃振昌。陳小娟。

學生活動中心
總幹事：洪三雄。
秘書兼採購：許志仁。
會 計：郭文艷。
出 納：蔣蓓蓓。

中華民國五十九年十一月廿五日

臺大法言

韓忠謨題

中華民國五十八年十二月八日復刊

革新版第四期

出版者：國立臺灣大學法學院學生代表會學術股
發行人：洪三雄
總編輯：李宗哲
副總編輯：許義忠
編輯：盧世祥 陳玲玉 簡頌君 張慧芬 蘇永欽

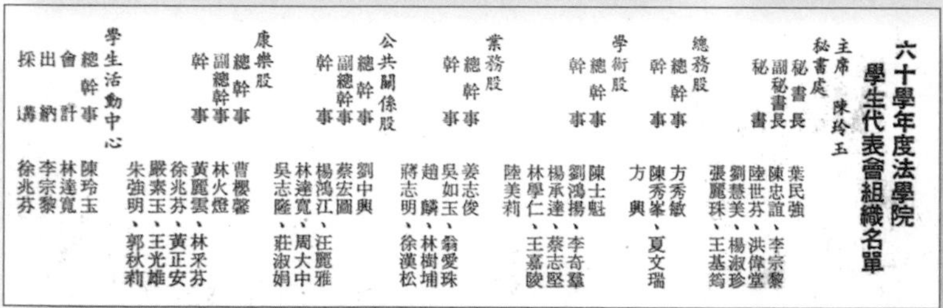

六十學年度法學院學生代表會組織名單

主席 陳玲玉

秘書處
秘書長 葉民強
副秘書長 陳忠誼、李宗黎
秘書 陸世芬、洪偉堂、劉慧美、楊淑珍、張麗珠、王基筠

總務股
總幹事 方秀敏
幹事 陳秀峯、夏文瑞、方 興

學術股
總幹事 陳士魁
幹事 劉鴻揚、李奇鑫、楊承達、蔡志堅、林學仁、王嘉陵、陸美莉

業務股
總幹事 姜志俊
幹事 吳如玉、翁愛珠、趙 麟、林樹埔、蔣志明、徐漢松

公共關係股
總幹事 劉中興
副總幹事 蔡宏圖
幹事 楊鴻江、汪麗雅、林達寬、周大中、吳志隆、莊淑娟

康樂股
總幹事 曹櫻馨
副總幹事 林火燈
幹事 黃麗雲、林采芬、徐兆芬、黃正安、嚴素玉、王光雄、朱強明、郭秋莉

學生活動中心
總幹事 陳玲玉
會計 林達寬
出納 李宗黎
採購 徐兆芬

1971 年台大「法代會」組織名單

第五回

啟蒙

「辯論會還剩一分鐘，那我就來講個笑話。」

這個笑話，叫做「又來了，又來了！」

有個國大代表，兒女都在美國，早當了美國人的阿公。自己一個人在台灣生活。每天在家，最盼望就是聽到門鈴聲，高興有親友來訪。

開門時，發現竟是郵差。

他生氣地飆罵：「操，又來了，又來了……」

原來是「國代聯誼會」又送來訃聞通知。

「又來了……」聽起來是傷感老人的笑話，但卻是國家的憲政危機，我們的命運，怎麼能託付在這批人身上？

這是一九七一年陳少廷在「中央民意代表應否全面改選」辯論會上講的、又嗆又酸的笑話。

那一年，「終身職」立委，平均年紀六十七歲，四百多名老立委中，唯一五十歲以下，是台北市增額選出的黃信介。

更悲涼的笑話是……

那次座談會後，直到一九九一年才真正國會全面改選，已是二十年後。

墓仔埔的阿舍

基隆的雨還是下個不停。

四十多年前，我遇見陳少廷（《大學雜誌》社長）前輩那天，也是陰雨霏霏。

在台大公館附近的咖啡廳，陳玲玉和我邀請他來台大參加「中央民意代表應否全面改選」辯論會，他又腰痛罵國民黨的激動，彷彿昨日。

從此，我們成了莫逆之交，每次通電話，他一定講到我拿聽筒的手發痠。台大畢業後翌年，我將《台大法言》的重要文章編輯成《知識人的出路》一書，請他寫序。他出手就是一篇八千五百字的溫情與厚愛。書出版未滿一個月就被警總查禁，他安慰我（台語）：「你金厲害，表示這一本書，很有價值。」

二〇一二年，我去基隆參加陳少廷前輩的告別式，照片中福泰的他，嘴形微微含笑，彷彿再度對我吐出：「excellent」字句，我不禁淚眼哽咽。

一九七二年一月，因為陳少廷的賞識與鼓勵，我以一個大四學生的身分，成為《大學雜誌》的社務委員，他經常邀我撰文論政，甚至寫社論。跟著他，我走出大學的象牙塔，結合校外的知識份子，展開筆耕救國、艱辛卻趣味的日子。

那個年代，沒有電腦打字，文稿須由作者一字一字寫出來。我的文章刊登後，原稿送回，我發現陳少廷按標點符號、逐句審閱的朱筆，文末還用紅筆附註「excellent」。

趕稿時，他常叼根菸斗，穿著汗衫寫作，看起來就像是個悠閒的阿舍。的確，他是阿舍。不同一般的阿舍，他的肚子裝滿了書本。

陳少廷出身屏東林邊望族，十六歲時，因為腳踏車借給高中老師，被牽扯到「讀書會」的逮捕行動。高屏地區的情治首腦覬覦陳家富甲一方，屢屢刁難敲詐。

他家一脈單傳，家族擔心他被捕，囑他在林邊四塊厝附近的香蕉園、墓仔埔、甘蔗園，四處躲藏。

輾轉於蚊蟲叢生的環境，陳少廷因此得了瘧疾。期間，母親前後奉上十餘甲田地不斷求情，一年後，情治首腦榨乾陳家祖產，才讓他走出甘蔗園「改過自新」。

更荒謬的是，陳少廷長大後，又被警總捉過兩次，其中一次，竟在牢裡碰到當初刁難他的南部情治首腦，對方的罪名是「匪諜」，被判極刑。這毋寧是國民黨極權統治下最大的諷刺。

「算起來，我應該是台灣年紀最輕的政治犯吧！」每次講到這段過往，陳少廷有點口吃的神情，益發激動起來。

一九六二年秋，台大政研所畢業的陳少廷獲得美國大學入學許可，卻因「雷震案」被限制出境。原獲台大聘書的他，被警總拘留，逼他「咬」殷海光教授，陳少廷寧可退回聘書，不願出賣恩師，為此一輩子無法踏上台大講台。唯一一次，就是我們「台大法代會」在一九七一年冬天給他締造一座講台，讓他重回台大，參加辯論會。

「二十幾年來，我們始終在維持一個龐大、衰老而且與廣泛大眾完全脫節卻以民意為名的特權團體。雖然它在表面上維持了形式上的法統……但完全無法代表那些在二十三年前未滿二十歲，也就是現在四十三歲以下的青年的一代，這約占我國現在人口三分之二的四十三歲以下的人民，從來也沒有獲得過投票選舉中央民意代表的機會」。一九七一年十月《大學雜誌》的〈國是諍言〉如此寫著。

陳少廷也以〈中央民意代表的改選問題〉為文，主張「我們要達成全面政治革新之目標，有一項最基本同時也是最起碼的條件是：中央民意代表必須全面改選。」

當時的立委、國代、監委等上千名中央民意代表，都是在中國大陸選出的民代，一九四九年隨國民黨「撤退來台」。「一選定終身」，被譏為「萬年國會」。

國民黨不願意全面改選，主張：這些人是中華民國的「法統」，將來反攻大陸，要將「法統」帶回中國。我很納悶這些人死了以後，中華民國的「法統」豈不是跟著完了？

面對退出聯合國、外交局勢的窘境，「國弱人種賤」的悲屈油然而升。針對中央民意代表的問題，國民黨打算修訂「動員戡亂臨時條款」，以「充實」取代「全面改選」的主張。

我們慫恿主張「唯有全面改選，才能保證獲致全面政治革新」的陳少廷來台大演講。為了使這個敏感的講題可以闖關、爭取到台大訓導長張德溥的允許，我們決定也邀請主張「以補選遴選代替全面改選，始能維護法統」的文化大學政治系教授周道濟一起參加。由「法代會」以「辯論會」的方式，讓台大師生聽聽不同的聲音。

「中央民意代表應否全面改選」辯論會

前兩個月的「言論自由」「民主生活」兩場座談會皆冠上「在台大」，定位為「校園活動」。這場「中央民意代表應否全面改選」辯論會，觸及敏感的憲政體制，撼動蔣家王朝的法統根基，從來沒有人敢辦這樣的活動。

我們再度推出百張大海報攻勢，由經濟系的周大中執筆，還首創將十餘張海報接

（前排左起）陳少廷夫婦、張富美、陳永興；
（後排左起）李筱峰、洪三雄、陳玲玉、陳琰玉

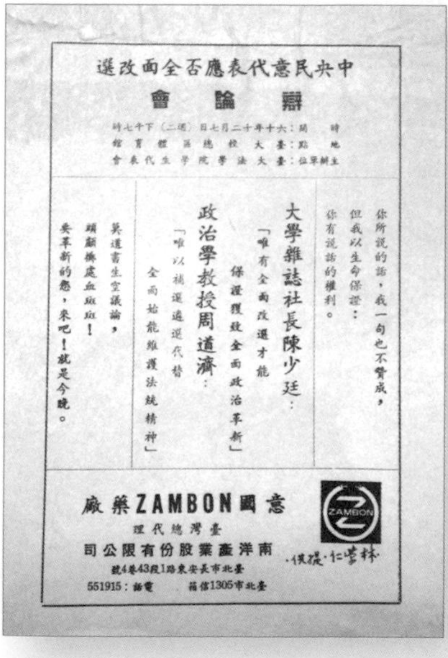

中央民意代表應否全面改選
辯論會
時間：六十年十二月七日（週二）下午七時
地點：臺大總區體育館
主辦單位：臺大法學院學生代表會

你所說的話，我一句也不贊成，但我以生命保證：你有說話的權利。

大學雜誌社長陳少廷：「唯有全面改選才能保證獲致全面政治革新」

政治學教授周道濟：「唯以補選遞選代替全面始能維護法統精神」

莫道書生空議論，頭顱擲處血斑斑！要革新的您，來吧！就是今晚。

意國ZAMBON藥廠
臺灣總代理
南洋鑫業股份有限公司
臺北市長安東路1段43巷4號
臺北市1305信箱　電話：551915

辯論會傳單

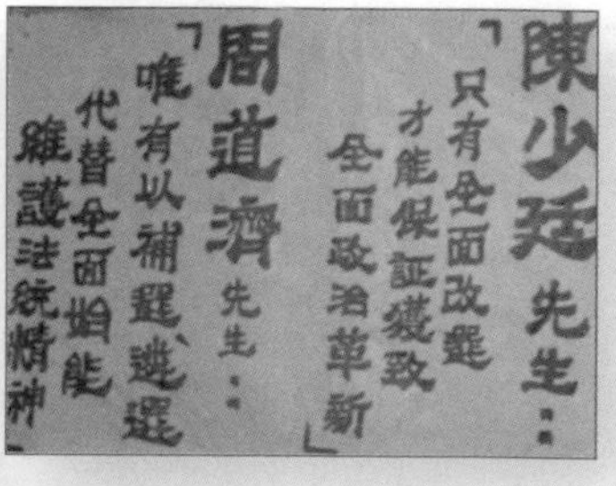

辯論會海報

陳玲玉主持辯論會

臺大法言

全面改選中央民意代表辯論

借臺大死寂的屍還中國青年的魂

陳少廷周道濟熱血斑斑書生議論

臺大法言

韓忠謨題

社論

重申全面改選中央民意代表

學生代聯會籌組社會軍

東芝牌電視機

Toshiba

東芝

國泰留學補習班

(TEL:364612)

《台大法言》刊登辯論會之記錄

連在一起，貼成「大字報」的巨大宣傳海報板，放置在台大校總區大門進口處，隔著台大校門的對街，都看得清清楚楚。

更重要的是，我們決定為這場史無前例的政治性辯論會印刷一萬份傳單。至於印刷費，就拜託「法代會」幹部陳士魁（政治系，曾任行政院秘書長）去找「意國ZAMBON藥廠總代理」贊助，那是林學仁（政治系）同學的家族企業。

傳單小小的，只有A4的一半，由我執筆，寫著：「莫道書生空議論，頭顱擲處血斑斑。」「你所說的話，我一句也不贊成，但我以生命保證，你有說話的權利。」「要革新的您，來吧，就是今晚！」

國事蜩螗，大家鬱悶壓抑地過日子。根據香港工商署統計，當時「半個月之間，由台灣流向香港的外匯資金，有兩億港幣之多，九十％是私人資金」。海山煤礦、七星煤礦、文山煤礦，接二連三爆發災變，底層生活的黯淡與悲慘，讓知識份子更加覺悟與痛心。

「有錢人可以跑，離開台灣！但我們跑不了的，絕不能把命運交給這些萬年法統。」我們要拯救自己的未來、自己的憲政體制、自己的國會、自己的國家。

那一晚，一九七一年十二月七日，冬雨綿綿，是寒流來襲的冬夜。同學們不畏風雨，超過千名群眾從校內外各角落往台大校總區體育館湧去。康寧祥、張俊宏、許信良等校外人士都到場旁聽，連媒體也來採訪。

「那時候我在政大教育系念書，受到那場座談會的感召，開始向《大學雜誌》投稿，批判當時的黨化教育，僵化年輕人的思想。終遭勒令退學，轉學改讀歷史，走上台灣史研究之路。」台北教育大學台灣文化研究所教授李筱峰當晚也在其中。經過前所未有的震撼後，他的人生轉彎了。

長達三小時的辯論，深夜十一點才散會。場外冬雨陰寒，場內卻熱情澎湃，也引起校外媒體的注意。《自立晚報》刊登的吳豐山（曾任國民大會代表）專論提及「當陳少廷和周道濟兩位先生在台灣大學一千餘位聽眾面前展開中央民意代表新陳代謝的問題的辯論時，以陳先生笨拙的口才和不週全的內容，竟能獲得不斷地滿堂喝采；由於人心對人事阻塞，壯志不遂，心懷不滿，陳先生之獲得喝采，良有以也。」《台大法言》事後更全文刊登辯論會雙方的見解。「萬年國會」的體制並沒有因此立即瓦解，但已在許多人心目中，埋下了反抗的種子。

一九八六年成立的民主進步黨，聲討萬年國會的「萬年民意代表」為「老賊」，一九九〇年三月野百合學運要求「老賊」下台，一九九一年底「老賊」終於全部退位，結束了「萬年國會」。距離一九七一年十二月七日「台大法代會」主辦的辯論會，其間台灣人民二十年的寶貴青春，豈不白白付諸流水？

「法統」變「馬桶」

「玲玉當年說，什麼法統？我們硬是要把『法統』變成『馬桶』！」這是張俊宏在二〇一四年十一月十五日參加「政治大學數位史料與研究論壇」針對「大學雜誌的回顧與前瞻」座談會時提及的回憶。我年少輕狂時戲謔性的說法，讓在場者笑成一團。

當年，張俊宏與許信良等人都在國民黨中央黨部上班。許信良曾拿國民黨中山獎學金到英國留學，依規定返國得在黨部工作兩年。他在中央黨部的產業黨部當個小幹事，閑缺，薪水低，但已經是中學老師的六倍。

許信良說，黨部裡大多是國民黨大陸來的外省貴族，本省籍年輕人不到十個，其中一個是留德的施啟揚（曾任司法院長），還有來自南投的張俊宏。

許信良（筆名許仁真）和張俊宏（筆名張景涵）、張紹文、包奕洪（筆名包青天）四人聯名在《大學雜誌》寫了一篇〈台灣社會力的分析〉，為台灣的現狀把脈，剖析國民黨應該由下而上改革。當時剛當上行政院副院長的蔣經國，桌上還放著這期報導。許信良說，蔣經國剛要接班，國民黨內部有矛盾，所以他想要利用《大學雜誌》，推動改革。

《大學雜誌》的衝撞與憧憬

《大學雜誌》由陳少廷擔任社長，許信良、張俊宏、包奕洪、張紹文等諸多文青形成的自在又充滿思辨的熱絡環境，深深地吸引著我們。

「《大學雜誌》對年少的我，充滿衝撞與憧憬。」吳念真導演說，他家中書櫃，至今還擺著幾本《大學雜誌》。

「楊庸一（《大學新聞》總主筆）、孫慶餘（哲學系）等台大學生的文章，令我印象深刻。當時心裡想，我是高中夜校生，他們是大二生，大家年紀才差二、三歲，他們已經在關心比生活更深層的國家前途，那是一種高中生仰望不及的境界。」

吳念真還說：「對我而言，七〇年代是很棒的年代，普遍存著，這個世界是可以改變的……志同道合的人衝一下……聯合起來，應該可以做一些事。」

吳念真在《大學雜誌》看到的這些單純的美好，也正是我和洪三雄加入《大學雜誌》的初衷。

下課後，我常和洪三雄跟《大學雜誌》的主編、主筆們會面。或許因為如此，

《大學雜誌》在新增的九十幾名社務委員中，加入了我和洪三雄、王杏慶（南方朔）、王復蘇、錢永祥等五名大學生。在那幾年，《大學雜誌》與《台大法言》兩邊編輯部常常串聯，交叉掩護，分進合擊。

《大學雜誌》的英文名稱為The Intellectual，中文譯為「知識份子」，他們這些前輩自命是「革新保台」的知識份子。

《自由中國》雜誌在雷震被捕後被查禁。之後，《文星》雜誌也接續被查禁、停刊。《大學雜誌》正巧碰上國民黨接班矛盾的空檔，提供給改革人士在戒嚴時期一個特殊的契機。

那是夾縫中，突然長出的改革花朵，背後還是有股勢力悄然運作著。

一九七二年元月《大學雜誌》改組，由楊國樞擔任總編輯、陳少廷接任社長，成為當時社會極具影響力的政論雜誌。《大學雜誌》的社委及編輯群，是有趣的綜合體，結合了國民黨的改革新銳如張俊宏、許信良、包奕洪等黨工，也有關中、丘宏達、孫震、魏鏞、施啟揚、李鍾桂等政壇明日之星。社會人士及學者如吳豐山、鄧維禎、林鍾雄、林正弘、王文興也都入列，可以說自由派、保守派都在其中。

許信良認為，蔣經國非常認真的看待這本雜誌，「保持愛護而不是圍剿的態度」，「但國民黨那種矛盾的把戲，不是我們這種書生、大學教授、學生看得懂的。」

懵懂的我們，跟著民主前輩的身影，迂迴挺進、搖旗吶喊。後來四十年又看盡他們的政壇起伏，終於比較清楚我們身處的世局詭譎，與政治奧妙的輪廓。

《大學雜誌》大開大闔書生論政之後，於一九七三年一月宣告分裂，進行改組，原輪職主編改為集體運作的「編委會」，多人逐步淡出編輯核心。同年十一月至翌年二月因故停刊，直到一九八七年宣告結束。

二〇一四年初夏，三一八太陽花學運之後，我和洪三雄應邀參加殷海光基金會舉辦的「永無終點的理想之路」座談會，再度翻閱一九七一年十月的《大學雜誌》，〈國事諍言〉中深深影響我的一句話：

「理想的社會是什麼？是公平的、開放的、富有的、自由的、合理的、無壟斷、無暴力的社會。」

隔了四十年，這句話似乎還在「理想的彼岸」，我們一直沒有抵達。

「不服從」的公民權利

二〇一四年三一八太陽花學運期間，我正好在台大法律研究所兼課，課程名稱為「善念與法理兼具的商道——商務爭端的解決」。台大許多科系的老師都支持學生停課去參加學運，甚至把課堂移到立法院前面，開起「民主講堂」，幫留守在立法院外抗議現場的學生補課。

台大法律學院也於四月十二日舉辦「公民不服從」座談會。院長謝銘洋表示：「服貿攸關國家大事，執政者卻迴避法律監督。政府失能時，學生才站出來執行『公民不服從』運動，事後竟遭執政者秋後算帳、司法追殺，台大法律學院要向社會大眾說：『我們真的沒有把學生教好，沒把馬英九教好！』」令我十分感動。

「不服從的公民權利」這個觀念引起社會大眾注意時，老友張柏年正好邀約七〇年代《台大法言》的這群死黨到他家聚會，共商經國濟事的志業。餐敘中，他突然從書架中拿出「志文出版社」於一九七四年出版、王溢嘉編輯的《智識人的良知》乙書，其中收錄了一篇〈反對的權利〉，那是一九七一年間，台大三年級的我所寫的：

「假使一個政府的政策，僅僅只是代表少數人的利益或不代表多數民意時，這個國家的國民便有權利可以反對這些政策……所謂『民主』的價值，也唯有建立在肯定『反對的權利』之上，才有意義。」

這讓我頓悟。原來，經過了四十五年的風雪，台灣的人民仍在向政府追討「公民不服從」的「反對的權利」！

我一直認為，唯有當青年學子體認到社會的不幸，並且願意勇敢地站出來反對那些造成不幸的主政者時，「學運」才會發生。因此，學運是純度最高、深具意義的社會運動，也是扭轉不幸社會最後的動力。但是，如果沒有老師們的協助與論述支援，光靠學生的熱情與動員，很難達成改革的目標。

太陽花學生的家長，幾乎都是歷經九〇年野百合世代的父母，對民主的爭取與威權的抵抗，已經脫離了戒嚴時期的恐懼與顧慮，大多支持小孩上街頭去踐行「公民不服從」的權利。抗議現場還有NGO團體當後勤，整個太陽花學運獲得家庭、學校、民間三方奧援。較諸七〇年代搞學運的我們，被父母訓誡、被校方打壓、被黨政追殺的狀況，簡直難以同日而語。

高壓環境下的彼時，其實依然還有少數敢挺身罩學運的老師，他們的膽識與風骨，至今令我至深感佩。

其中，一九七一至一九七二兩年間最辛苦的人之一，就是台大法學院韓忠謨院長。

記過是榮耀

「每隔一周的星期一下午，我都在辦公室準備接聽各方的抱怨電話，因為那是你們《台大法言》出刊的日子。」韓忠謨院長說。

我和洪三雄有一次被喚到韓院長面前，他操著濃濃的江蘇口音，指著桌上的電話，無奈地說：「你們畢竟還是學生，政府已定案的政策，希望你們不要反對抨擊；至於沒有定案的，你們的言行只要不違法，我都支持你們。」

院長的「苦口婆心」，我們的「心照不宣」。「不違法，就行了！」但是，我們非常明白，戒嚴之下，即使合法，也不見得安全無事。

韓忠謨院長是我們的「法學緒論」老師。他是刑法權威，著有《刑法原理》、《刑法總論》。

我們在台大掀起的滔天巨浪，每一層他都首當其衝，幫我們擋下來。身為法學院的大家長，校方與黨政機關抱怨，都先找他：「管好法學院學生」。他一直處於「夾心餅乾」的為難。

中華民國六十一年四月十七日　臺大法言　第二十期　第一版

臺大法言

韓忠謨題

中華民國五十八年十二月八日復刊　本期出版一大張

每逢週星期一出版　每期發行一萬份

革新版　第二十期

出版者：國立臺灣大學法代會法言社

發行人：陳玲玉

社長：洪三雄

主編：楊鴻江

經理：劉中興

編輯：陳秀峯、楊鴻江、林嘉誠、卓嘉鑫

訓導人員猛踢皮球
高談革新欲語還羞

法代會辦演講整整橫遭六次同票
學生經費被控制還要奉上保管金

排球場已修 惟積水依舊

校長盃桌球賽 法學院隊榮獲冠軍

《台大法言》刊登「訓導人員猛踢皮球」

臺大法言啓事

奉本校(61)校訓字2588號公告，略謂：「臺大法言第十九期、第二十期連續故作不實之報導。法言發行人暨社長各予申誡一次，法言著即自四月廿日至五月廿九日停刊一個月（兩期）之處分。」

我們尊重師長們的訓勉，對該處分不擬向訓導處提出抗告。我們接受師長們的慰導，忍受時代痛苦的悲劇，共同戮力於開創國家新機運的偉大使命。

我們重申臺大法言的信念：「以生命保證內容，以內容交代歷史」。謝謝師長、同學們的支持與愛護，並請各位班代表暫停領取法言。

臺大法言社啓

中華民國六十一年五月一日

《台大法言》對「停刊」及「申誡」之啟事

「訓導人員猛踢皮球　高談革新欲語還羞　法代會辦演講整整橫遭六次回票學生經費被控制還要奉上保管金」

法學院訓導分處劉純白主任和唐組長火冒三丈，拿著一九七二年四月十七日第二十期《台大法言》頭版頭條的上述報導，一狀告到校總區訓導處。我們拒絕道歉，訓導處於四月二十八日以「報導不實」為由，令《台大法言》停刊一個月，發行人陳玲玉、社長洪三雄各記申誡一次。

訓導處怒氣難消，決定用「斬首示眾」的方式處置我和洪三雄。特地寫了長達半版篇幅的「懲處啟事」，週六下午送到印刷廠，強求刊登在全校性的《大學新聞》第三六七期。

《大學新聞》編輯部的同學接獲指令，不敢忤逆，遵囑排版完成。其中有個編輯，在離開印刷廠之前，偷偷帶走一份打印稿，火速打電話通知我。

我和洪三雄當晚跑到潮州街韓院長家中，要求基於平等原則，「請韓院長說服訓導處，容許我們在下一期的《大學新聞》，以同樣篇幅，刊登答辯啟事，以免片面之詞以訛傳訛。」

韓院長看我們劍拔弩張狀，要我們倆先坐下，喝杯茶。

聽完抱怨，他緩緩地說：「別人考試作弊，被學校懲戒，是不名譽的事情；但是

中華民國六十一年五月一日　大學新聞　星期一

訓導處對「臺大法言」處理之公告

學校當局於本（四）月廿八日，發佈第二五八八號公告，就「臺大法言」第十九期第二十期連續敘作不實之報導，作如下之懲處：

一、法言發行人法律系三年級陳玲玉，社長法律系四年級洪三雄各予申誡一次。

二、法言着即自四月三十日至五月廿九日停刊壹個月（兩期）之處分。

訓導處認為每椿事件的處理，因立場不同，角度各異，必有見仁見智的看法。為期瞭解狀況，避免誤導，特就對臺大法言處理經過說明如後，並歡迎對本案之處理提供意見，為爾後處理類似事件或規程修訂的參考。

訓導處對「臺大法言」處理之說明全文如後：

《大學新聞》的「懲處公告」（不曾發行）

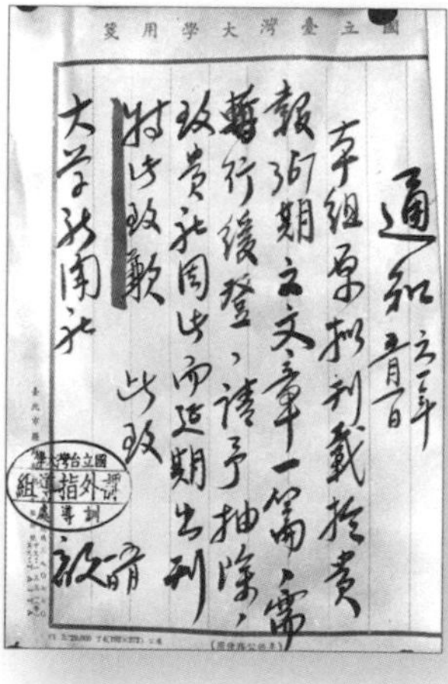

課外指導組向「大學新聞社」致歉通知

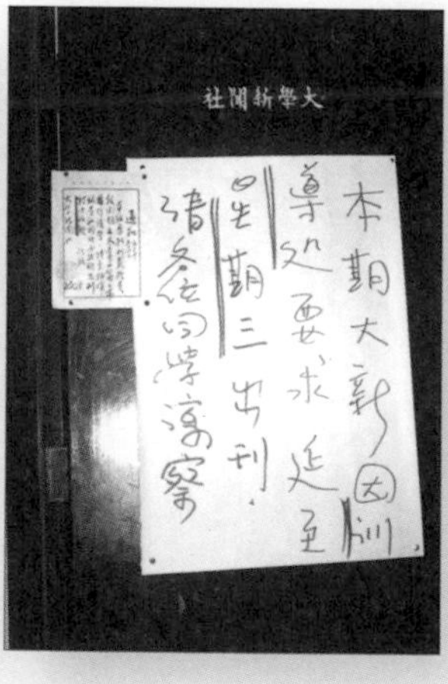

「大學新聞社」延期出刊公告

你們辦報紙被處分，不一樣，應該感到光榮。」他又說：「我之前也當過訓導長，我在台大從沒有見過把學生記了過，還要登報周知的。」

他一邊說，一邊走到書桌前，拿起電話，撥給張德溥訓導長：「打個商量，校方既然已經公告懲戒，為何還要登報渲染？」在韓院長力爭之下，訓導長同意撤掉原已排版登在《大學新聞》上的「懲處啟事」。

那晚明月當空、星光點點。韓院長送我們到門口，緩緩的拍拍我們的肩頭，輕輕附耳一句……

我們的委屈與憤怒，好像天邊雲朵，風一來，就吹散了。

我們如往昔搭公車，奔波於法學院與校總區之間。上課爭取書卷獎，也繼續藉《台大法言》與「座談會」對學校開刀、向社會進軍。

事過境遷，韓院長耳邊的叮嚀：「這是一個苦難的時代，凡事，不必過分計較。」至今依然迴盪不已。

懲處事件落幕，我們看到自己年輕氣盛的盲點，更看到韓院長的慈愛、圓融與智慧。

最讓我和洪三雄抱憾的是，一九八二年間，有人以「異議份子多出自台大法律系，而其皆為韓忠謨學生，韓氏主持該系及法學院多年，思想必有問題」等惡言，詆

韓忠謨院長與陳玲玉於台大法學院

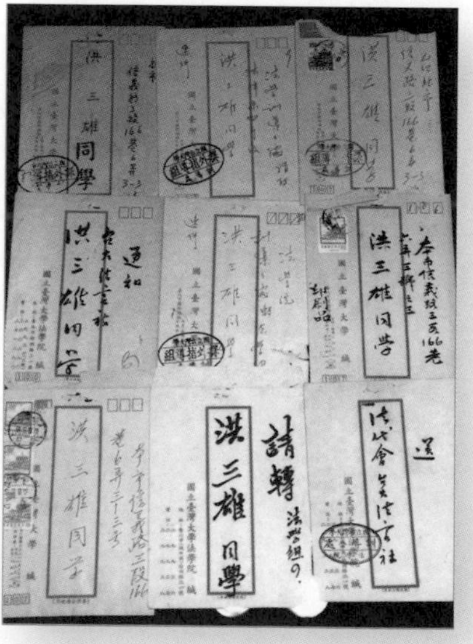

台大給洪三雄、陳玲玉的約談通知

譭韓忠謨教授，導致他無法出任台大校長。

不用參加期中考

在一九七〇年代的兩年台大學運期間，洪三雄和我經常收到校內訓導處的書面約談通知，或校外警總、調查局或國民黨軟硬兼施的邀約談話。

記得是期中考前的日子，我在蔡墩銘老師辦公室前不安地踱步，法學院旁的蟬鳴聽在心底，更是焦慮。我收到警總人員「早上十一點」的談話通知，正苦惱著，那天早上正是蔡老師的刑法考試。

「老師，警總人員的約談，和期中考的時間撞期，可否請您讓我提早考試……」

「蔡老師，請你放心，提早考試，我保證不會洩題給別的同學。若延後考，老師也許擔心同學會洩題給我，那就不公平了……」我忐忑不安的說。

蔡墩銘老師有兩道濃眉，表情肅穆，上課不苟言笑。他是台灣第一位拿到德國法學博士的人，是刑法權威。學生上課都敬畏有加，不敢翹課，他死當學生，毫不手軟，被視為「殺手級的教授」。

蔡老師聽完我的陳述，橫眉一皺，我頓時呼吸困難。

「妳，不用期中考啊！」他神情淡定，彷彿胸有成竹：「放心去辦妳的事。沒有期中考的成績，只用期末考決定就可以了。」

他毫無廢話與贅語，簡明扼要。

我不可置信地離開辦公室，頓時覺得，蔡老師的橫眉，不再讓我畏懼。那年期末考，我仍然考全班最高分，一試兩抵，安全過關。

兩個成績最好的學生都姓陳

另一位掩護我的，是我大一的導師、後來擔任法律系主任的王澤鑑老師。

他是台灣民法權威，出任過大法官。師母王保子，是嬌小、堅韌的日本女子，具有強烈的環保意識，是主婦聯盟的創辦人。老師居住的舟山路台大教職員宿舍，是台灣最早做垃圾分類的社區。

大四下學期，我因為搞學運後身心俱疲，罹患急性肝炎，臥病在家，學校一堂課也沒上過。妹妹玲華到學校幫我辦休學。

當時王澤鑑教授當系主任，他對我「兼顧學業與學運」兩頭燒，知之甚詳。因此，安慰妹妹：「姊姊沒來學校上課沒關係，只要按照教育部最低學分，參加考試即可。」囑我不必辦「休學」。

後來我連期末考都沒辦法參加。王主任又再次通融，讓我參加「期末考的補考」。我最後勉強抱病上場，完成大學學業最後一塊拼圖，如期拿到畢業證書。

事隔多年，一位我事務所的新進律師，是台大法律系的學妹。她提及王澤鑑老師上課時曾談及，他教過了兩個成績最好的學生，都姓陳，「一個是陳玲玉，一個是陳水扁。」

「教育」的菁華，其實就在無言的感召。在艱難的時代，台大師長們的捍衛、鼓勵與期勉，讓我走出校門後謹記在心，凡事全力以赴，追求盡善盡美，以為回報。

大法官出手搭救

大四下學期，鄭玉波老師很久沒有看到我，他交代同學轉達，要我去他家裡一趟。

鄭老師是台灣法律著作最多的學者。當時唸法律的人都知道，只要站在三民書局抬頭一望，法律類書櫃一整排「民法總則」「民法債篇總論」「民法債篇各論」「民法物權」「法學緒論」……等高考必讀書籍，都是他的大作。他曾任大法官，在法界地位崇高。

鄭玉波老師問我：「畢業在即，為什麼沒有報名高等考試？若考試通過就可以當法官或檢察官，畢業就有一份穩定的工作。」

我大二時就通過高檢考試，老師認為已取得「入場券」，不要放棄高考。鄭玉波曾任高考命題委員，深知我在學的成績和考試的功力。他懇切地跟我談，出乎意外地表示，若有需要，他可以教我。

除了學運忙碌而無暇準備高考，主因其實是我深知自己坦直、衝撞的個性，不適合法律實務工作。但鄭玉波老師百忙之中，還關心我畢業後的前途，讓我十分溫暖、感動。

離開老師家時，天色已暗，發現師母一直都坐在屋中角落，旁邊看護牽起師母的手，我才知道屋內為何沒開燈，原來師母眼盲看不見。鄭老師公餘就一直在家陪伴。

公司法張國鍵教授，年紀很大，是商事法權威，也是高考典試委員。

我很少去上他的課，不知他怎麼注意到我，還特地找我到他辦公室懇談，除了對我衝撞體制的言行提出他的憂心與叮嚀之外，也說要指導我準備高考。這份情誼與關愛，我畢生難忘。

另一個站在檯面出手支持的大法官，則是林紀東教授。他擔任過二十七年的大法

鄭玉波老師與洪三雄

林紀東老師

張國鍵老師與洪三雄

官，是憲法、行政法的權威教授，著有《中華民國憲法逐條釋義》，是位極為受人敬重的法界大老。

當初國民黨發動號稱六十萬冊的《一個小市民的心聲》文宣，攻擊台大學運。白髮蒼蒼的林紀東老師在《台大法言》發聲：

「民主社會爲公開社會，應以眞實之姓名，負責之態度說話，不宜埋名隱姓，示人以不坦率……自己過去做過大學生，現在猶在教大學生，對於該書有關大學生之議論，尤感不平……生平喜歡站在亮處說話，發表時請用本人姓名，並願負一切責任。」

林教授的聲音，至今猶餘音繞樑：

「予年垂老，離亂餘生，本不想與人爭論，但眼看國家環境艱難若此，苟安、偏安、反進步、不察當前國際局勢黯淡之議論，竟然風行一時，情緒頗感憤激。」

林老師這篇光明磊落的文章，也被轉載到校外的《大學雜誌》。緊接著，《大學新聞》《文訊》《醫訊》《代聯會訊》等台大校內刊物，紛紛加入聲援，反擊「一個小市民的心聲」。

這些幫我們擋子彈、收拾善後、甚至偷偷掩護，好讓我們匍匐前進的老師們，都是讓我們在學運巨浪中，平安度過的貴人。沒有他們以風骨撐起保護傘，以教誨化為養分，學運訴求改革的花朵，不可能在那個年代綻放。

第六回

反撲

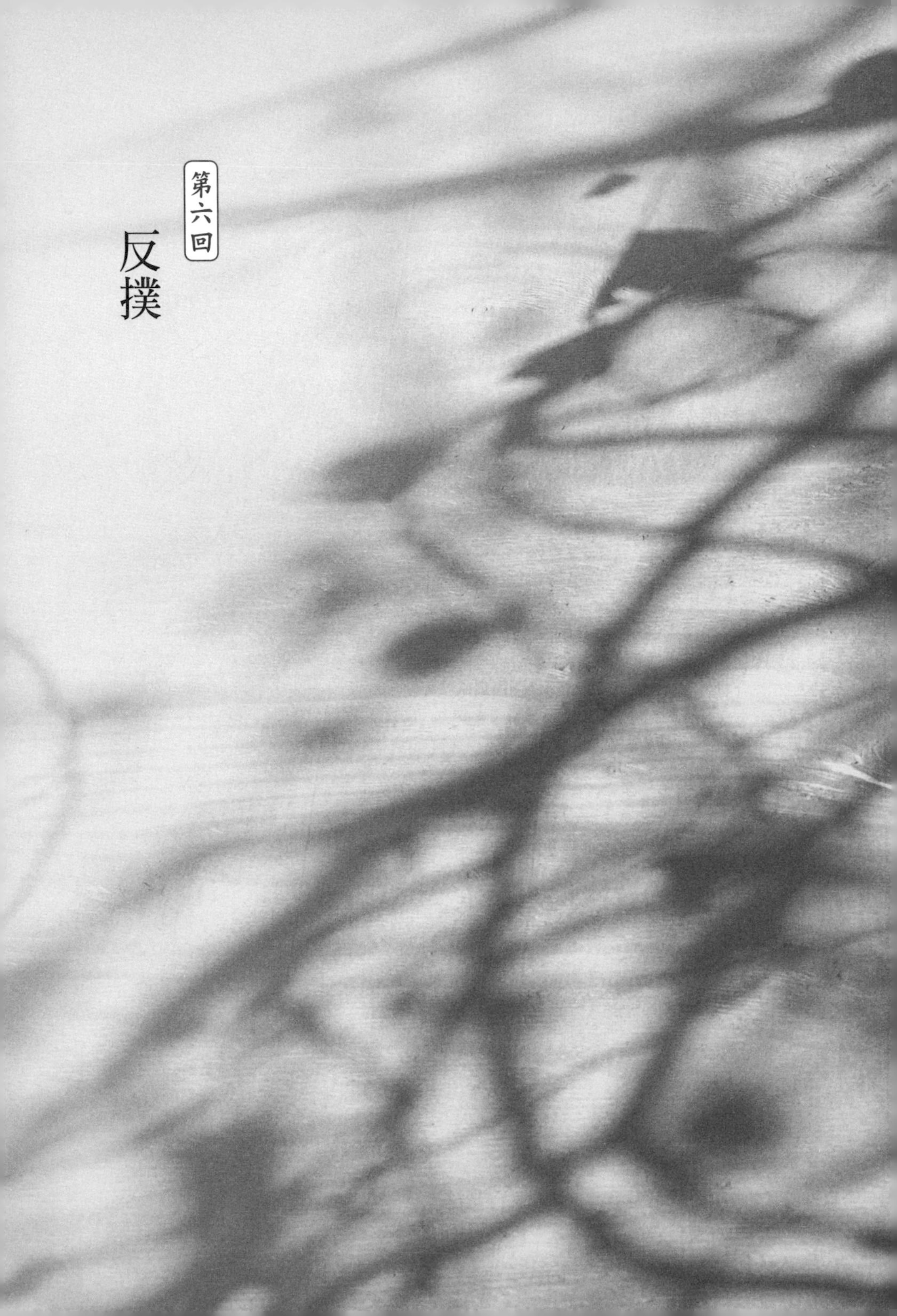

「就點這個。」對方的手指在Menu最上端一揮，落在最貴的「A套餐」那一欄。法國麵包、凱撒沙拉、海鮮濃湯、海陸大餐、南美咖啡、巧克力蛋糕……長毛柔軟的紅地毯，黃橙橙的水晶吊燈。打領結、穿白襯衫的侍者，端著滋滋作響的牛排鐵盤，在身旁穿越。

對只能吃得起陽春麵的窮學生而言，眼前的奢華與美味，真實到不忍動口。

大約每一到二個月，調查局的情治人員，就會請我到衡陽路的「老大昌西餐廳」吃飯，進行他們的輿情蒐集與洗腦策反。

他一邊低頭切牛排，一邊壓低聲音附耳過來：「你認識的那個人，也是堅持不說，警總那些人……跟我們不一樣，沒耐心，早就把他吊起來，打到哀哀叫……」

斜眼看著對方滿嘴的油膩，我依舊無語，甚至連頭也不願抬起。唯一能做，就是使勁切牛排，壓著肉汁滲出血絲，混著憤怒、厭惡、恐懼吃下肚……

台大第一台影印機

大三那一年，台大校方跟全錄（Xerox）租用了兩台影印機。一台放在台大醫院，另一台在台大總圖書館。影印機太珍貴，不准學生動手印，只能委由圖書館專人操作。

我常站在影印機旁，一頁頁地把書拆下，小心翼翼地交給操作員，看紙張從卡匣的閃光中緩緩滑出，我的心跳加快，喘不過氣來，擔心操作員多看一眼，事跡敗露。

這些被國民黨情治單位視為毒瘤的書籍，在學運社團間瘋狂流傳。晚我兩年的鄭鴻生（哲學系）在《青春之歌》中形容：「洪三雄每次整本印完後，就像是偷吃到禁果，興奮地跑來跟大家炫耀。」

當時，包括宜蘭政治前輩郭雨新推薦我看史明的《台灣人四百年史》，還有謝雪紅的同志林木順撰寫的《二月革命》，直指二二八事件始末，讓我們這些在國民黨教育之下長大的年輕人，重新體認台灣的真實歷史。每一本讀起來，都令我驚心動魄、血脈賁張。

保釣運動之後，許多旅美的知識份子，開始託人帶回很多有關台灣卻在台灣看不到的海外新聞、評論和圖片。當然也有《馬克思》《列寧》《矛盾論》《實踐論》等社會主義書籍，給台大學生閱讀。

其中，競選過台北市長陳逸松的女兒陳雪梨（外文系）赴美留學後，多次請美國友人弄一卡皮箱禁書，先是寄到台中清泉崗美軍基地，再輾轉北送到北投溫泉路陳家。每次神秘的皮箱一到，我就和錢永祥、盧正邦、黃道琳（考古系）等人兵分多路，開始傳閱。

外號卡爾（Karl）的盧正邦，是我法律系同班同學。他留著兩撇鬍子，性格浪漫，隨身帶著一只校園罕見的〇〇七手提箱。拎著手提箱，就在各社團串門子，毫無戒心。有一回手提箱中的《馬克思傳》憑空消失了，到底是哪個情治單位或職業學生摸走了？他也搞不清楚，弄得大家驚魂不定。

當時電線竿上常貼著「保密防諜」的標語。所有跟社會主義有關的左派書籍都被視為匪書，俄國大文豪杜斯妥也夫斯基的小說《卡拉馬助夫兄弟們》，也因中俄同盟，一度在台灣被禁。

有趣的是，學生活動中心社團的垃圾桶，都有專屬的工友「檢查打掃」。大家心照不宣，又無可奈何。

一九七〇年一月，張德溥被蔣經國指派來台大當總教官兼副訓導長。他告訴蔣經國，為什麼台灣的留學生，一離開地面，上了飛機，就開始罵政府，成為海外黑名單？這是因為，台灣的年輕人長期接受「不能講、不能看」的填鴨教育，那是應付聯考用的；一旦看到外面的世界、了解真相，就像是積壓已久的火山，一觸即發。

王杏慶形容，七〇年代的年輕人匯集著台灣一切的矛盾與渴望。因為七〇年代是「蔣經國時代」正反兩面相互摸底、試探、惡化、決裂的歷史悲喜劇，也是一整代戰後知識份子徬徨與摸索的年代。

我們不願被矇蔽，因此學會像海綿一樣，奮力張開毛細孔，四處吸收被國民黨阻擋的訊息。國民黨特工單位，則拚命圍起一道又一道擋土牆，防堵思想狂潮流竄、擴散。

老大昌的A套餐

一九六〇年代末，七〇年初，是世界翻滾、威權被挑戰進而舊秩序瓦解的年代。美國反越戰遊行、「布拉格之春」之後，二十萬蘇聯軍隊進入捷克，巴黎學生上街頭示威。亞洲的日本，也爆發學潮，最盛期間，東京都內有五十五所大學遭到封鎖。

台灣的大學生，被國民黨長期以「效忠領袖」「反共抗俄」「反攻大陸、解救同胞」「國家至上」「保密防諜」洗腦，成為糊里糊塗的愛國者。隨著釣魚台事件、美國總統「尼克森主義」傾向中國、美國國家安全顧問季辛吉訪問大陸、中美簽訂「上海公報」、日本首相田中角榮訪問中國。我們逐漸發現，國民黨教育的，跟我們理解的現實世界，有很大的落差。

我們偷偷地吸收外界的現實，努力為自己的眼睛找到真相，幫內心的衝突尋找出口，然後在校刊中大膽鳴放，要求改革。

台灣退出聯合國後，《台大法言》一九七二年三月的「社論」以〈我們的命運〉〈再談我們的命運〉為題，先後主張「只有在台灣的一千四百萬同胞才有權決定台灣的命運」。這篇社論由《台大法言》總編輯許志仁執筆，呼應長老教會一九七一年的《國是宣言》：「人權既是上帝所賜予，人民有權利決定他們自己的命運。」這種言論，當時在台灣是很大的禁忌，但和全球戰後學運，武裝占領與示威遊行比起來，只能算是「秀才造反」。

我和錢永祥、盧正邦、黃道琳一票人經常在西門町的「天才飲冰室」、台大對面

《台大法言》:〈我們的命運〉作者（左起）許志仁 & 洪三雄

（左起）保釣運動份子盧正邦、楊庸一、錢永祥、洪三雄於 1972 年 5 月被送往溪頭

羅斯福路與汀州街之間巷弄內的「我們咖啡屋」「天祥冰果園」，交換魯迅、巴金、茅盾，還有古巴革命家切．格瓦拉的第三世界游擊戰書籍。毛澤東的《新民主主義》也是我那時候仔細讀過的書。

當時就讀淡水工商專科的宋秩銘（曾任奧美廣告大中華區董事長），常來加入，出現時總穿著涼鞋，拖拖拉拉很有嬉皮味道；戴寬帽半掩面的知名電視節目主持人洪小喬的弟弟洪清森（土木系）也悄然出現。塞滿了煙蒂的煙灰缸，冒著縷縷白煙，彷彿是我們這一代的壓抑與救贖。

離峨眉街「天才飲冰室」不遠，衡陽路有家「上海老大昌西餐廳」，一樓是西點麵包店，下午常有排隊人龍等待出爐的麵包。作家朱天心在她《擊壤歌》書中寫到，北一女時期，常在西門町閒晃，看完樂聲戲院的電影，就等著下午四點，「老大昌」剛出爐的熱牛角麵包……

這家充滿高中女生甜美回憶的麵包店樓上，卻是情治人員變相柔性「審問」我們的高檔偵訊室。

老大昌西餐廳的環境優雅，絨布沙發，輕柔的古典音樂，氣氛不同於天才飲冰室的亢奮與喧嘩。那一段搞學運的期間，每隔一到兩個月，調查局人員就會來約我，「到老大昌西餐廳吃牛排，聊聊天吧。」

每次他們一定點最貴的A套餐給我，從前菜到甜點，擺滿整個桌面。

我一直忘不了，第一次在西餐廳享用香酥巨大的「焗烤明蝦」，就是老大昌的「海陸套餐」。偶爾也被找去吃A套餐的陳玲玉形容：「那真是難忘的痛苦美食。」

有時候是菲力牛排，有時候是焗烤大蝦。對方邊吃邊套話：「什麼時候再舉辦座談會？」「打算什麼時候再辦活動啊？」「最新一期《台大法言》的內容如何？」「參加《大學雜誌》碰過些什麼人？」「某某人怎麼樣啊？說些什麼啊？」

大部分時間，我的嘴巴都塞滿食物，故作忙碌。調查局人員眼尖，開始轉向：「我們從其他同學口中，已經掌握了你們的計畫。」「你算是運氣好，碰上我們單位比較客氣，若是換成其他情治系統，大學生也一樣被修理。」

每次步下老大昌的樓梯，我總覺得頭重腳輕，步伐沉重。衡陽路的另一側，就是統治者的總統府，看到那座威權建築，腹部又是一陣痙攣。我快速地走回家，翻箱倒櫃找出胃散。

校園內不同的聲音

一九七一年六月的釣魚台遊行之後，反叛氣氛瀰漫台大各學院。國民黨黨團勢力，在代聯會選舉防線失守，緊接著文學院的《文訊》、醫學院的《醫訊》，法學院的《台大法言》都非校方所能掌控，全校性的《大學新聞》《大學論壇》《台大青年》也都各自爭鳴、相互呼應。原本國民黨掌控下的杜鵑花城學生輿論界，可說完全淪陷。

沒有加入戰火，卻也活躍的社會服務性社團，大概就屬江炯聰（現任台大商學院教授）、林聖芬（前中國時報社長）的「台大慈幼會」了。

就在杜鵑花城各社團對校方擊鼓鳴之的時候，以趙少康（農工系）為發行人、金山為總編輯、施顏祥（化學系）當總主筆的《畢聯會訊》出現了，開宗明義主張「現在不是一個批評指責的時候」「毛共以學生運動起家，其顛覆滲透更難令學生有所防範，不能不謹慎提防。」挺身為黨國奮戰。

一九七一年十月，趙少康出任「畢聯會」主席、方述忠任秘書長，原本只是「畢業生聯誼性質」的社團，十一月間突然冒出一份《畢聯會訊》，校方補助大量經費，發行量從三千五百份擴大到一萬份，發行對象不限畢業生，而是擴及全校學生。

「我們的共同志向是什麼？就是『反攻大陸』！」

「我們互信的基礎是什麼？就是『信仰領袖』『信任政府』。」

「效忠領袖」「拯救大陸同胞」「反共復國」。

這些就是《畢聯會訊》的社論基調。

趙少康在他主持的《會訊》上說：「青年學生的運動，有如一把利刃，學校與政府當局……如果過分縱容學生，誤國誤事之時恐將悔之晚矣！」「如果有人在此時提出獨立或自治的主張，毫無疑問的，其用意在動搖國本而逞其權術的詭詐，這是我們必須『嚴厲制裁』的。」

施顏祥也在《畢聯會訊》上「譴責」海外的「保釣運動」。他說：「又看到了共匪在大陸的故技重施。」「光復大陸的神聖使命已深烙每一位生長在台灣的青年。」

《一個小市民的心聲》

經過《台大法言》及「台大法代會」一整年的大鳴大放，國民黨當局也開始不安與不耐。

當時，台灣內外交迫。在外交，歷經了台灣退出聯合國、島內爆發移民潮。內政上，蔣介石就任第五任總統，長子蔣經國接任行政院長。為確定小蔣的安穩接班，對校園民主的態度旋而由開放轉為肅殺，反撲勢力先從校園外竄出。

「開放學生運動」？設立「民主廣場」？這還得了！針對陳鼓應在「民主生活在台大」座談會中提出的主張，排山倒海而來的反撲開始了！

首先上場的是《一個小市民的心聲》。

一九七二年四月四日起，國民黨黨報《中央日報》的副刊上，刊登筆名「孤影」的〈一個小市民的心聲〉，連續六天，長達四萬多字，攻擊大學生：

「沒有獨立思考、欠缺判斷能力。」「學生運動足以導致社會動盪，須立即阻止以維台灣的安居樂業。」

《中央日報》連載完，國民黨又將之濃縮、編印成兩萬字的小冊子，在政府機關、學校、軍警系統廣為分發。短短一周，據稱印刷了六十萬冊流通市面。龐大的黨機器用這一本匿名的《一個小市民的心聲》，鋪天蓋地對付台大學運、警告社會。

台大校園內，除了《畢聯會訊》在社論中呼應「小市民」，認為台大學生有「警惕」的必要，《大學新聞》首先以社論〈吾心有「戚戚」焉〉發難，表示對《一個小市民的心聲》不敢苟同。

《醫訊》的「中央走廊」專欄，抨擊「小市民」混淆視聽，若不還以一點顏色，就讓它為害不淺了。《文訊》則有杜念中（歷史系，曾任蘋果日報社長）撰文指摘「小市民」的錯誤觀點。《大學論壇》社長洪清森痛批「小市民」鄉愿的意識形態。吳永乾（法律系，現任世新大學校長）則慨嘆「小市民」把我們大學生「貶」得分文不值。

《台大法言》得到大法官林紀東教授聲援。他反對「小市民」偏安、苟安、反進步的論調，並且說：「你（孤影）可以批評我的學生，但請用真名。」

我也立即以「台大法代會」主席的身分，籌畫在一九七二年五月二日，邀請事件主角陳鼓應以及黃默、王文興、王曉波四位師長為主講人，舉辦「一個小市民的心聲」演講會，對「小市民」展開反擊。

這次台大訓導處學乖了，禁止我邀請陳鼓應老師上台演講，主講人只好「三缺一」。校方也不再出借法學院圖書館三樓大廳，台大體育館更在舉辦「中央民意代表應否全面改選」辯論會後，被校方禁止出借給任何由學生主辦的活動。

我們只好擠在法學院的最大教室，十六教室舉行。原本只能容納約一百六十人的教室，湧入好幾百名人潮，社會人士孟祥軻、張紹文、張俊宏都坐在第一排，現場擠得一片黑壓壓，走道都坐滿人，連教室窗台上也都掛滿了人，教室外的走廊、花台及草地上，更站滿了聽眾。我只好臨時請工友加裝擴音器，使教室外的聽眾可以聽得見，這才順利開始了演講會。

黃默首先發難：「這篇文章，看來是一個知識分子才寫得出來的。他的觀點能不能代表小市民的心聲？很值得懷疑。」「他將安定與維持現況混為一談，實在是一個悲觀的論調……影響所及，對內助長消極苟且的態度，對外影響國際視聽和海外僑胞、知識份子的向心力。」

「小市民顯然把『學生運動』看成『學生暴動』。這完全是兩回事，不能混為一談。」「學生活動可以很快的消失，只要問題一解決就可以消失。問題的解決在於執政的當局。」王文興不急不緩地說：「我們今天的處境就是『說危急不危急，說好不好』。假如情形確實如此的話，那就是我們實行改革的時候！如果說要等到情形『太

「一個小市民的心聲」演講會主持人：陳玲玉

「一個小市民的心聲」演講會現場

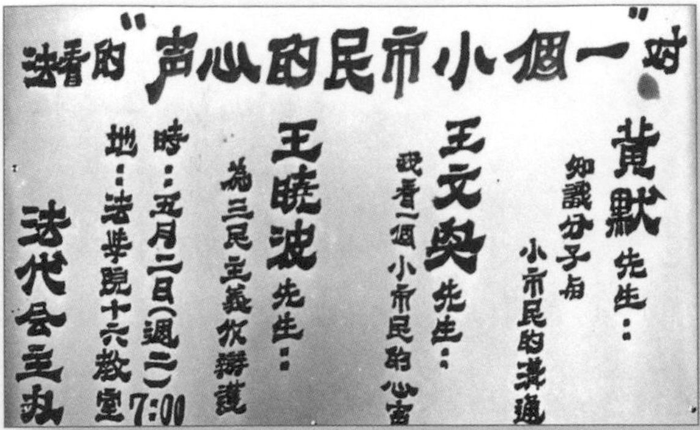

「一個小市民的心聲」演講會現場海報

王文興老師於演講會

「一個小市民的心聲」演講會（左起）黃默、陳玲玉、王曉波

嚴重』，那改革就來不及了。」

王曉波作出結論：除非我們徹底實行三民主義，即時實行改革，否則我們的生存就會有問題……歷史證明，改革不會亡國的！只有腐敗才會喪邦！

「上有政策，下有對策。」演講會的三位主講人演講之後，主持演講會的我，對著事先被安排坐在台下的陳鼓應老師問：「各位，有誰願意發言嗎？」

在台下的一片簇擁聲中，被「孤影」作為主要攻擊對象的陳鼓應被我邀請上台發言。

陳鼓應痛批《中央日報》代表「黨」「國」中央，竟然如此大肆推廣苟安、偏安思想，是不是開始在為「反攻大陸」的政策預留退步？

陳鼓應才剛講完後，一個身形瘦長、梳著油頭的男生在人群中舉手要求發言。我對他搖搖手說：「座談會結束了。」不料他一個箭步衝上講台說：「陳鼓應可以上台，我也可以。」他一把握住麥克風不放，橫眉瞪眼，我只能放手「給他三分鐘」。

「大家好，我是哲研所學生馮滬祥……小市民的心聲，說得實在有理。」馮滬祥口沫橫飛，聲音高亢，擺明為「小市民」撐腰，現場一陣騷動。

他手勢亢奮，唱作俱佳，毫無懼色。「這傢伙公然踢館？顯然來頭不小。」我看在眼裡，心頭一震，麥克風雖然搶回來了，隨即有股隱憂浮上心頭。

反動勢力出手了？

六十萬冊的黑函冷箭之後，正面迎戰的擂台賽，已經開始敲鐘。

「職業學生」的挑釁

「我不跟國民黨養的狗講話……」碰一聲，有一次在我家，洪三雄氣呼呼地掛上電話，把我嚇了一大跳。

可以想像，電話那頭同學的尷尬與錯愕。又一個「抓爬子」（臥底）被洪三雄識破。

台大學運期間，社團辦公室經常燈火通明，人來人往，幫忙的有，打探的也不少。我們總是細察異狀，小心應對。活動成形的就放上公佈欄，機密的策畫就只有讓極少數核心好友知曉。幾次走漏風聲過濾下來，我們大略知道那幾個同學「涉嫌」向情治單位獻殷勤或收取「走路工」，當起「職業學生」。

既然是「職業」，有些同學的表現真的相當「專業」；但演不好的同學，就常常露餡。我通常都按兵不動，慢慢觀察對方的行徑，藉此了解敵情。洪三雄脾氣比較火爆，一旦察覺，當場開幹，不假辭色。

另一個，跟洪三雄一樣火爆的人，就是陳鼓應老師。

「大家都知道你是『職業學生』……」在一場「民族主義」座談會中，陳鼓應終於按耐不住，起身反駁馮滬祥。「現場一片譁然。面對斥責的馮滬祥神色自若，冷靜異常的繼續發言。我在台下，如坐針氈，感覺整個會場，轟轟然地炸開來了。」

沒想到，「錢永祥也按捺不住，失去一向的辯論才華，站起來憤怒的喊出『大家不要聽『職業學生』的話！』」

這是鄭鴻生（哲學系）回憶一九七二年冬台大「大學論壇社」主辦的「民族主義座談會」上，陳鼓應老師跟學生馮滬祥對峙的場面。

「洪三雄與陳玲玉不在了，沒有他倆控制現場，我，果真就出事了。」陳鼓應事後說，他心直口快，常常被對手激怒；「陳玲玉冷靜與細膩的主持功力，總讓會議臨場解危，安全落幕。」

事隔四十多年，我們在基隆路的台大教授宿舍內相聚。陳鼓應老師談起洪三雄畢業離開台大校園後，一九七二年十二月四日，他和王曉波、錢永祥等人參加由「大學論壇社」舉辦的第一場「民族主義座談會」。沒想到之前在「一個小市民的心聲」演講會中對他公然挑釁的馮滬祥又現身了，誘使他一步步落入圈套。

陳鼓應回憶當晚，深夜十一點，他剛從鬧哄哄的「民族主義座談會」現場離開。被他怒斥是「職業學生」的馮滬祥快步跟上。一行人走在椰林大道上，馮滬祥還追問：「請問陳老師，你是在哪裡聽到我是『職業學生』？」

陳鼓應說，馮滬祥的膽子很大，剛剛才在上百名群眾面前，被斥責是「職業學生」，沒想到他會自己跟上，再補一槍。

暗夜的椰林大道，陳鼓應、錢永祥等人越走越冷。馮滬祥甚至還小跑步，跟上鄭鴻生搭肩握手。

「他狀似友善，明知我是陳鼓應的學生、錢永祥的死黨。」鄭鴻生回憶，「我們當下不知如何回應馮滬祥，一行人悶悶不樂，心驚膽顫回到蟾蜍山宿舍。」

台大哲學系事件

馮滬祥在台大學運正熾的一九七二年，從台中東海大學化工系轉到台大就讀哲學研究所。他是不是「職業學生」？外人不得而知，但他接二連三在座談會上公開和台大學運師生對損，舉著「反共」、「愛國」的大旗，有恃無恐。他曾因理則學考試得零分而警告老師楊樹同：「系務整飭在即。」

「言論荒謬，中傷同學。錢永祥記大過一次。」校長閻振興接受馮滬祥的報告後，貼了公告。

同時校方也要求陳鼓應老師，針對他指摘馮滬祥為「職業學生」一事「惠予解釋」，並撤銷他的導師職務，但被哲學系代理系主任趙天儀拒絕。

一九七三年，台大「哲學系事件」終於爆發。哲研所停止招生，包括陳鼓應、王曉波，更株連趙天儀等在內共十三位教師被解聘。這恐怕是台灣學界有史以來，最駭人聽聞的「白色恐怖」事件。

馮滬祥則在一九七三年台大哲學系事件之後，「榮歸」東海大學任教。

烏雲蔽日總無常，撥雲見日終有時。一九九三年十月二十三日校長陳維昭主持的台大校務會議通過成立「台大哲學系事件調查小組」，展開調查。一九九三年十一月八日，我從舊金山寄給小組召集人楊維哲一封信，附上前台大代理訓導長張德溥敘述王昇、馮滬祥有關的錄音帶，協助該小組佐證「台大哲學系事件」之平反。

一九九五年五月二十八日，調查小組終於完成《台大哲學系事件調查報告》。「台大所發生的『哲學系』事件，其意義不僅在若干行政人員屈從於威權體制，乃至師生與特務機構勾結，以陷害無辜善良的同事與同學而已。」調查報告下了如此結論。

「事件發生當時的校長閻振興，於事件中未能堅持大學學術自主的立場，也未能一本實事求是的精神處理本事件，致使本校哲學系受到整肅，自由學風受到壓制，校譽亦因而受損。本校應取消其名譽教授的名銜。」當時的大四學生「錢永祥所受的懲戒，在程序上或實體上都有瑕疵，應予撤銷」。

距離一九七三年發生的「台大哲學系事件」，經過了二十二年，終於在一九九五年還給陳鼓應、王曉波及錢永祥等十多位師生公道。

時間，是最好的鏡子。真相，在歷史這面鏡子中也將無所遁形。

杜鵑花下狗

風起雲湧的台大兩年，以馮滬祥為主角的「職業學生」論戰，打起來火爆、辛辣，不下於時下的政論雜誌。

最精采的是王溢嘉在《台大法言》以「十三郎」為筆名，撰文〈杜鵑花下狗〉。

暗喻校園內，走狗橫行，共分成「看門狗」「哈巴狗」「癩皮狗」三種。

王溢嘉（醫學系）擔任過《大學新聞》總編輯，畢業後棄醫從文，成為著名作家。

他在〈杜鵑花下狗〉一文中寫道：「成群結隊，吠於校園之內，風雨如晦，狗鳴不已，蔚然成為一股妖風。」「寄語眾家犬野狗……做不擋路的好狗，讓出一條康莊大道，不要把狗窩當道築，然後在窩中高臥，誤人誤己。」

唸哲學系又屬《大學論壇》社的孫慶餘，對「職業學生」也憤恨難平。他以「北斗」的筆名，在《台大法言》上發表了一篇文章，題為〈蝙蝠哲學〉：

「蝙蝠是鼠輩的一種。擁有得天獨厚的一雙肉翅。可以滿地橫走，也可以高高在上，這是所有其它藏頭露尾的鼠輩望塵莫及的。」「鳥類在一舉高飛的時候是『閉緊鳥嘴』的，而蝙蝠則兀自洋洋得意，發出嘿嘿嘿的怪笑聲，使人一眼就看穿他們的不似人君。」

「一隻鼠輩無論披上如何美麗的羽毛，總是鼠輩，如果硬要說他是鳥，充其量也只是『一隻爛鳥』罷了！」

面對暗黑勢力有形、無形的圍剿，年輕的我們常常自不量力的抵抗，以筆代刀，叫囂揮砍，見血見骨，自覺快意。

校園內狗群出沒、蝙蝠橫行。難道已是執政者獵捕異己的前兆？

情治單位大逮捕

一九七〇年代，國民黨在蔣經國的授意下，對學生運動採兩手策略，「一手胡蘿蔔誘引、一手棒子打壓」。

救國團曾經找洪三雄跟我，宋時選親自接見，還對洪三雄提出以獎學金贊助「優秀愛國青年」出國留學之議。但都被我們婉拒。

另一方面，國民黨的棍棒，也出手了！一九七二年十月張德溥被迫離開台大，誠如他所說：「蔣經國抵擋不住他一手建立的情治系統所特有的保守、獨蠻的壓力，讓情治機關再度盤踞校園。」

一九七三年寒假過後，同學們回到學校註冊那幾天，情治單位開始大逮捕。

「錢永祥二月十二日被警總捉了，黃道琳也進去了……」陳鼓應老師回憶說，同學陸續被吉普車載走，大家四處打聽，始終沒有下文，只好約定每天早上八點在「哲學系辦公室」集合，說好聽是「商討對策」，其實是「點名」是否平安？

有一天，九點過了，大家沒看到鄭鴻生，陳鼓應暗唸：「不妙。」沒多久，只見鄭鴻生氣喘吁吁地跑來驚呼：「剛剛，宋秩銘被捉走了！」

那是一個不需要理由就可逮捕的時代。為何而捉？又為何而放？沒有人可以解答，唯一可以肯定的是，情治單位營造的肅殺氣氛正瀰漫校園。

二月十七日，被捕的陳鼓應老師事後形容：「整整一個星期，情治單位一天一天，一個一個慢慢捉，製造恐慌……」「在這段時間大家像一群小雞一樣，擠在一起取暖。」

二月十八日，也就是錢永祥、盧正邦、陳鼓應、王曉波等人被逮捕的次日，提早被釋放的郭譽孚（綽號大頭，師大學生）到師大路與和平東路的「清真牛肉店」，丟下一筆錢，拿走一把銳利的刀，朝手腕劃下，血沿著羅斯福路滴到台大。

他在台大校門口自刎，鋪在地下的壁報紙用鮮血寫著：「釋放愛國學生錢永祥、周一回。」他拿著海報，搖搖晃晃，走進台大校門口，倒在驚呼的人群中。

校門血諫，事情鬧大了。台大校長閻振興的秘書，這才去警總把師生保出來，警總把一整箱「禁書」當作證據，展示給校方看。

被逮捕的台大師生釋回以前，我每天都心驚膽跳。

一邊擔心在軍中服役的洪三雄，一邊擔心學運伙伴們的安危，也恐慌吉普車是否會隨時出現在我家門口？與我同床而眠的玲華妹妹，有天深夜醒來，抱著我痛哭，害怕我隨時會從家中消失。

第十號黑名單

一個寒冷的午後，門鈴響了，站在門外的是滿臉鬍渣的錢永祥。

他剛被警總連續審問七天，才放出來。第一時間不是回去他北投山上的家，而是跑來我家：「對不起，我供出了，妳是第十號名單。」

「警總一定要我供出十位同學名字，妳在學校太有名了，若我不講出妳，他們一定懷疑我寫的名單都是假的，所以我把妳排在第十位……」「這是最後面的排名。妳是女生，又在生病，我想他們應該不會對妳下手，應該……輪不到逮捕妳吧？」

「但我又擔心妳，所以先跑來講一聲。」

我們都叫錢永祥「老錢」，他與洪三雄是彰化市中山國校的同班同學，初中又一起上彰化中學。洪三雄說，小學時老錢曾屢遭一群本地同學罵「外省豬」並追著打，他曾為此挺身相助。初二結束，老錢舉家北遷，從此失去聯繫。兩人後來雖同上台大，卻直到保釣運動興起，才異鄉重逢，並成為一路相挺，惺惺相惜的「革命伙伴」。

至今我都還記得，那天錢永祥慌張、擔心又疲憊的神情。

逮捕期間，情治單位刻意在學生之間，塑造出的猜忌、背叛氛圍，讓年輕的我們慌了手腳，卻也考驗了我們同志間真誠的信賴與扶持。

我有幸在同學的保護下，避過那一場逮捕。但當兵的洪三雄，清早五點就被吉普車從中壢的軍營中帶走。

「寒夜的清晨又冷又暗，我從中壢部隊被帶上車。車先開到第一軍團會合政戰處再轉往台北市郊的一處軍營，押入一個小房間。不斷有人進來坐在我前面輪番問話，臉孔與對話越來越模糊。腦中一片空白，兩眼昏花，裡面沒有窗戶，只有一盞日光燈晃著。不知道是白天？還是黑夜？隱約聽到阿兵哥唱軍歌，原來是晚點名，就寢時間已到。」

洪三雄事後來家裡看我，兩人恍如隔世。

很久很久之後，洪三雄才發現，他被帶去審問的地方，就是在台北六張犁的軍營，從凌晨到深夜，整整十六小時。那一天，他沒有看過天光。

（左起）洪三雄、陳玲玉、張德溥、陳鼓應於聖荷西

台大保釣運動份子於 1972 年 5 月 15 日集體被送往溪頭隔離。
（左起）錢永祥、盧正邦、陳玲玉、陳麗芬、陳秀峰、文榮光、陳鼓應（及子女）、
楊庸一、洪三雄

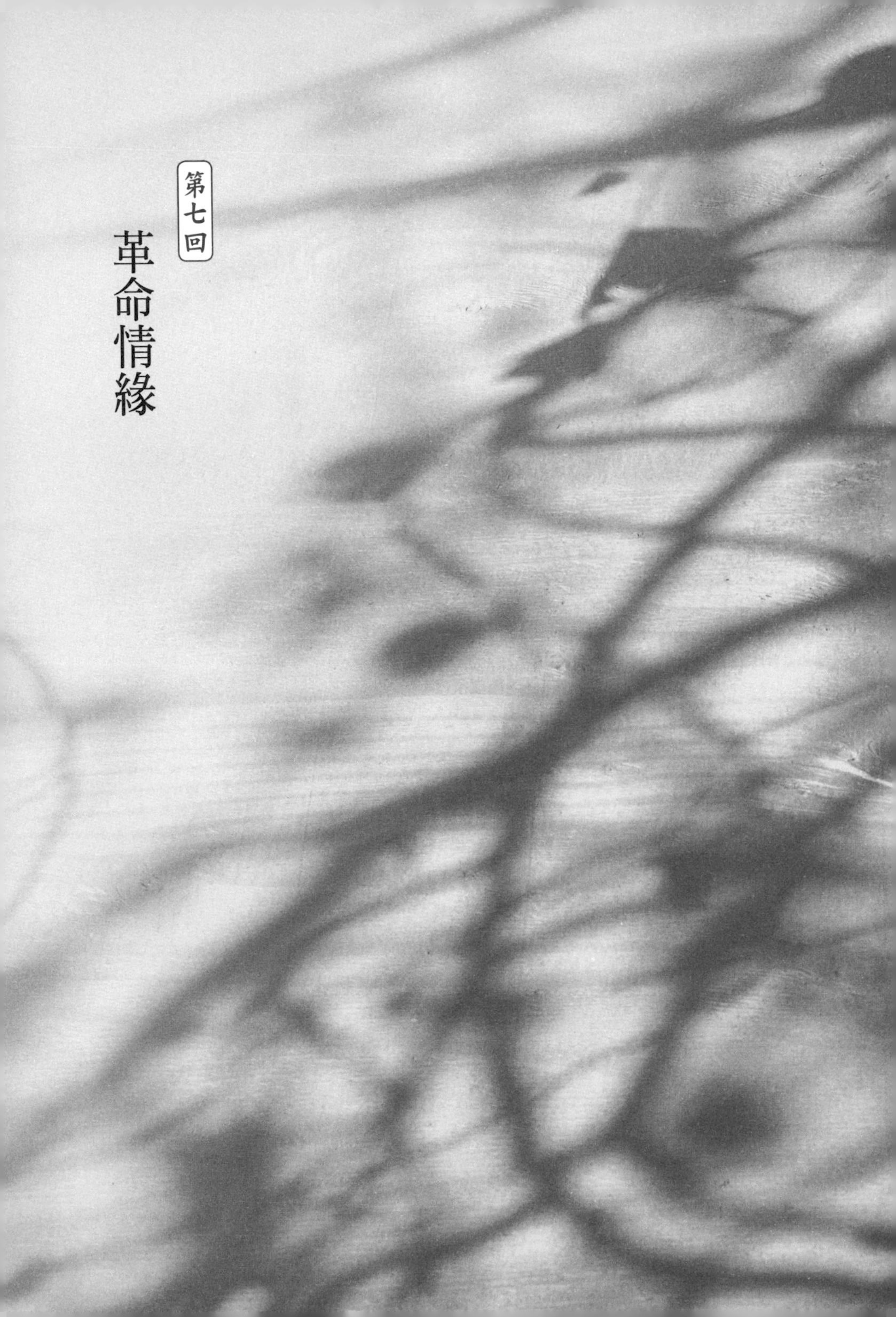

第七回

革命情緣

之一　窗邊的男孩

「因為洗腎，我要在醫院待上一陣子，我想要拜託妳一件事情。」李達夫慎重的說。

「洗腎？」我驚訝又難過的問。

「請妳替我當洪三雄的秘書長。」

人在病痛中的無助與掛念，何等沉重。

面對他的請託，怎能開口說不？

也因為好友病榻的託付，牽起了我和洪三雄一輩子的革命情緣。

進了台大，成為杜鵑花城的新鮮人後，不像其他同學，喜歡相邀去圖書館或活動中心。每次下課鐘響，我總是快步走出教室，頭也不回的往校門走去，搭車回家。但有個人，經常安靜地杵在我前往公車站的路途中，他是我同班同學李達夫。

總坐在第一排的我真搞不懂，坐在教室後排窗邊的他，為什麼老是早一步離開教室，跑到車棚，牽好他的腳踏車，陪我走到新生南路的公車站牌。

「反正我也是順路。」他牽著腳踏車陪我站在「〇南」的公車站牌下等車，把握上車前的空檔和我聊天。

他聊的話題，對普通大一女生來講，也許非常艱澀，但我卻很有同感。

他說，他喜歡到牯嶺街尋寶，閱讀《文星雜誌》與《自由中國》。他也沉迷於莊子的〈逍遙遊〉：「北冥有魚，其名曰鯤。鯤之大，不知其幾千里也。化而為鳥，其名為鵬。鵬之背，不知其幾千里也；怒而飛，其翼若垂天之雲。」

大一暑假，李達夫去參加高雄夏令營，寄給我一本沉甸甸的書，西方哲學家卡爾．波普爾的《開放社會及其敵人》（*The Open Society and Its Enemy*），是一本西方政治哲學的經典之作，批評威權主義，捍衛開放社會。他在第一頁右下角簽上斗大的兩個字「鯤鵬」。

對於一個贈送英文政論書籍給女生，又以〈逍遙遊〉替自己命名的男生，我感到好奇，認為值得一「讀」。但我知道，讀人比讀書更難。

愛看社會新聞的女孩

「少女情懷總是詩」這句話放在我身上，應該是錯的。

初中二年級時，瓊瑤的當紅戀愛小說《煙雨濛濛》在聯合報副刊連載，女同學下課後總急奔圖書館去搶副刊。我也趕著上圖書館，但翻的是社會版。「詐欺案是怎麼騙的？」「兇殺案是怎麼破案的？」中學時，法務部舉辦法律常識比賽，我還得了獎。那是我跟法律界的初體驗，這張獎狀現在還存放在我的相簿中。

小時候和爸爸看電影，偵探片、懸疑片都令我深深著迷。我喜歡直接看結局，再推演過程，最是過癮。初二時，看到一部美國電影，其中律師的角色，維護正義、不畏權勢，法庭上滔滔雄辯、頭頭是道。這部電影，奠定了我的律師魂。

「哇！這種無本生意，又是自由業，就是我以後要從事的工作。」我馬上去書局，墊起腳尖，指著架上韓忠謨教授的《法學緒論》：「我，要買這本。」

「小妹，這是大學生的書喔！」大哥哥店員好心提醒。但「律師魂」早在我初二就定格了。目標在「理性設定」之後，就啟動「以終為始」的行動原則！

一九六九年，我以台中女中社會組最高分考上台大法律系第二名。彰化中學畢業的李達夫是第六名。來自中南部的小孩，比起北一女、建中畢業同學的自在、開放，我們同樣有著對台北大都會的疏離感。

李達夫的英文程度比同班同學好很多。他說，他看了很多美國電影，因為他家開「彰化戲院」。當我在家中提及此事，爸爸說，他和彰化戲院的李老闆是多年老友。

大一新鮮人青春正盛，我卻避開聯誼、郊遊、舞會，勤跑英文補習班。在「英美法導論」課本上，一字字地查字典，一頁頁的用紅筆畫重點、做筆記。上學期結束，在公佈欄上看到自己的成績全班第一，原來台中來的女生並不差，可以贏過台北學生。我才鬆了一口氣，找回自信。

母親唐突的一句話

為了我唸台大，父親決定舉家從台中搬到台北，因此在八德路（現改為四維路）買了約四十坪的一樓房子，弟弟妹妹也轉學北上。爸媽最歡迎我們把同學帶回家吃飯，給他倆瞧瞧。

有一天，班上的好友來家中午餐，飯後他們陸續離去，只剩李達夫跟我在客廳聊天。平常只在廚房張羅飯菜的媽媽，突然出現。她在我們兩個中間坐下來，緩緩地講出我在高二那年，罹患傷寒的折騰。

「玲玉的外婆，接到我們的緊急電報後，不識字的她憑藉別人幫她寫好的地址紙條，天還沒亮，獨自從北投搭小火車到台北車站轉大火車，到彰化換了客運，又轉三輪車，總算在黃昏時來到彰化田中的景崧醫院。」

從小體弱的我，高二下學期又臥病在床。當時有兩名大學生，因法定傳染病「傷寒」死亡而上報，已經被誤診達三個月之久的我，才被驗出傷寒菌已嚴重侵蝕了我。為免被帶到公立醫院隔離，父親拜託醫生把我秘密送往彰化田中隔離治療。

我住院後，完全禁食，一天注射四罐點滴。當時只有硬針，沒有軟針，細小血管被捅的又黑又粗，手臂如蜂窩。半夜反覆高燒，好強的我，跟媽媽清楚交代：「如果腦子燒壞了，千萬不要救我，我不要變笨。」

二十三天後，在景崧醫院院長陳時宰的高明醫術下，勉強出院。那一場大病，導致我沒參加高二期末考。爸爸到台中女中教務處拍桌子，校方才勉強同意我升上高三。

「年輕時就要把身體弄好。玲玉從小身體不好，是個需要照顧的人。你也要注意自己的健康。」媽媽沒頭沒腦地講完這段話，轉身進去廚房。

我覺得唐突，心底嘀咕：「幹嘛在同學面前講這段痛苦的生病歷程？」我侷促不安地偷瞄李達夫，只見他低著頭，若有所思。

媽媽這番話，的確起了效應。我刻意換了每天搭乘的「〇南」公車，站牌下的男孩身影也不再出現。

好朋友的情誼依舊，只是他越來越清瘦，課堂上請假的次數越來越多。大家一起在學校午餐時，太油太鹹的飲食他都迴避，他僅笑說：「我吃的很清淡。」

病榻上的託付

大二寒假的一個下午，李達夫約我到台大病房。「我生病了……」他說：「是腎臟的毛病，醫生建議洗腎。」「洗腎？」我又驚訝又難過。

之後，我從爸爸口中得知，達夫的父親因腎病而英年早逝。我才豁然明瞭，當初媽媽在客廳的那段話寓意深遠，原來是為人父母的憂慮，技巧地粉碎淡淡情愫的萌芽。

「因為洗腎，我要在醫院待上一陣子，我想要拜託妳一件事情。」他說：「洪三雄是我彰化中學的學長，我的童子軍隊長，他很正直、講義氣。我們相識多年，所以這學期洪三雄出任台大『法代會』主席，我擔任他的秘書長。現在我無法勝任這個工作了，我想請妳接任，幫他，也是幫我。」

看著躺在病床、掛著點滴的李達夫，好像看到當初躺在田中景崧醫院絕望的自己。人在病痛中的無助與掛念，何等沉重。我雖然不喜歡參加社團活動，但面對他的請託，怎能開口說不？

因為好友病榻的託付，我加入台大「法代會」擔任秘書長。不料，竟捲入了風起雲湧的兩年學運，也牽起了我和洪三雄一輩子的革命情緣。

升上大三，一九七一年九月我接任台大「法代會」主席。

李達夫持續洗腎，上課的次數更少了。

當我和大四的「台大法言社」社長洪三雄，轟轟烈烈的燃燒青春，在台大大鳴大放，跟校方火拚鬥智時，已看不到李達夫的身影。但他猶如火種，默默點燃，安靜地守候一旁。

一九七九年美麗島事件發生，國民黨大逮捕黨外人士，陳水扁、謝長廷、蘇貞昌

（後排左起）陳忠信、洪三雄與（前排右二）李達夫，就讀彰化中學的童軍照

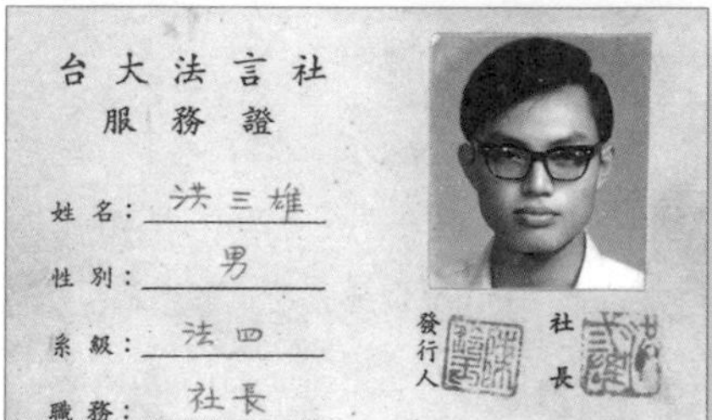
台大法言社
服務證

姓名：洪三雄
性別：男
系級：法四
職務：社長
編號：

發行人 社長

填發日期 60. 10.

大四洪三雄的「台大法言社服務證」

大三擔任「主席」的洪三雄於「法代會」辦公室

等十五名律師，組成辯護律師團，開啟了美麗島的民主傳承。

一九八〇年進行司法審判時，又有十二名年輕律師加入，在陳忠信（筆名杭之，《美麗島雜誌》編輯）的辯護律師團，我看到了李達夫律師的名字。陳忠信、李達夫和洪三雄，都是彰化中學一起搞童子軍活動的伙伴。

原來，大一教室後排窗邊那個男孩，心中的那一把火，一直燃燒著。這位情深緣淺的摯友，和他父親一樣，提早離開了人間。但是，那個下午在台大醫院病榻的託付，卻改變了我的一生。

一九七一年間，我以「努而飛」的筆名在《台大法言》寫了多篇文章，就是取自莊子的〈逍遙遊〉，呼應李達夫的「鯤鵬」。這個深藏在心中的筆名，伴隨「替我幫三雄」的允諾，埋入心底，不再出現。

那一份青澀的情愫沒有發酵，但李達夫誠摯的託付，卻是我對洪三雄一輩子的實踐。

之二 公車告白事件

「我媽說，女孩子接下『法代會』主席嫁不出去的話，你要負責嗎？」我拉著公車吊環，仰著頭問洪三雄。

原本力勸我接下學運棒子的他，愣了一下。

他的眼神忽焉飄向窗外。

吵雜的公車，頓時空氣凝結。

答案，在尷尬中停格……

「天啊，我對這個喜歡的男生，胡說些什麼？」我心底錯愕呼喊著。洪三雄吞吞口水，推推眼鏡，緊張拉鈴下了車。

「這……算少女的告白嗎？我，失敗了嗎？」心情惆悵，環顧擁擠的公車裡。幸好，沒人發現我的失落。

往後的日子，兩人繼續跟著伙伴們編寫《台大法言》校刊，一同去訓導處抗議。

公車上的告白，愛慕如煙，無痕飄過。

直到一年後，他在南台灣畢業旅行，捎來一封信……

散場電影的身影

深夜，台大法學院大禮堂的電影散場後，「法代會」幹部們留下來整理電影膠卷和清理座位。在大家忙碌的身影之外，一個青春洋溢的短髮女生，安靜地站在角落。

「她在等誰呢？」擔任「法代會」秘書長的我，順著短髮女生的眼神方向，看到正在「法代會」辦公室內振筆急書的洪三雄主席。

「洪三雄有女朋友嗎？」在我們那段如火如荼的學運歲月中，兒女私情碰撞救國大業，就算革命擦出愛的火花，也只能把火苗埋心底。

二〇一四年三月，看到太陽花學運的林飛帆衝入立法院後，第一時間用臉書跟女友表態「我愛妳」，年輕一代的「革命」與「戀愛」零時差，著實令我們這些一九七〇年代的學運份子大開眼界。

我大二、洪三雄大三那年，我倆開始在學校搞學運，他是「法代會」主席，我是秘書長。我大三接任「法代會」主席後，大四的他巧立《台大法言社》，擔任社長並執掌《台大法言》，我拿麥克風，他執革命筆；兩個伙伴分進合擊，檯面上形影不離，檯面下團進團出，沒有獨處機會，兩人之間總是隔著錢永祥、盧正邦、許志仁、陳秀峰（法律系同班同學）等一群死黨。

我和三雄結婚多年後，才回想起，兩人婚前，沒有看過電影、沒有牽手逛街、沒有單獨出遊，甚至面對面喝杯咖啡的戀愛場景，一項都沒有。

每次碰面的地點，不是鬧哄哄的「法代會」辦公室，就是機器轟轟作響的印刷廠。

我倆的最近距離，不是咖啡座，而是印刷廠內一張小小的廉價塑膠桌。

兩人趴在塑膠桌伏案編輯、改稿、校稿，空氣中充滿油墨氣味，工人吆喝聲，混雜著要出刊的興奮與怕被查禁的緊張。這種詭異的情境，就是我倆相處的「最私密空間」。

唯一的獨處機會，就是在二十路公車上。洪三雄借住信義路三段他六姊家，下車的站牌「師大附中」，離我家「郵政總局」早一站。

有一天，我們在公車上巧遇。突然下起雨來，我沒帶傘，洪三雄禮貌性的陪我多坐一站，撐傘送我走回家門口，也是他第一次看到我家。但，我並沒有請他進屋子坐，他也沒多問。似乎那一場雨，已開始為八德客棧引來一段姻緣。

套句妹妹玲華的話：「阿三哥，是爸媽與老天爺挑給大姊的。」

「八德客棧」的食客

因為搞學運，才沒時間談戀愛？其實是，我根本沒有錢奢望「談情說愛」。我是家中么子，有兩個哥哥六個姊姊，為了省錢，他們都念職業學校與師範，畢業即就業。如同早期大部分農村家庭，在有限的資源下，全家傾力栽培，供我一人念大學。媽媽說我六歲就會帶她搭乘「員林客運」，意思是我聰明過人。可是我從小好玩不喜歡念書。那時候國民教育只有小學，考初中我落榜了，勉強靠「備取」進彰化中學就讀。但仍玩心不減，高中聯考又名落孫山。

失學的前半年，我到台北建國補習班鬼混，每天接觸到的，大多是不思讀書的落第生。有一天不知怎麼突然間頓悟，當下收拾行囊回彰化老家，從此足不出戶，閉門苦讀，終於考上彰化中學高中部。

高中開學第一天，我就開始準備大專聯考，我自己發明系統化念書。每一科上完第一課，進入第二課時，我就把第一課溫習一次；到了第三課，又把第一課、第二課再念一次。新學期開始前，我把上學期的書全部又讀了一遍。大專聯考前一晚，我可以一口氣看完隔天要考的每一科的六本教科書。

我對國文很有興趣，課本滾瓜爛熟。碰到不解的字、句，包括語助詞，馬上就問老師，所有細節都要問清楚。國文老師幾乎招架不住。當年大學聯考公佈的成績，我是國文最高分。彰中國文老師陳元豐因此被台北建國補習班延攬到南陽街教書，每週搭兩次莒光號去授課，成為補校名師。

我以第一志願、第四名考上台大法律系，註冊費一千元，家裡要張羅很久，兄姊們是我最大的支柱。

為了不增加兄姊負擔，我以家教賺生活費，曾幫一個不喜歡念書的初中男孩補習數學，成績從零分考到一百分，他的父親非常高興，立即給我加薪。

我拿了薪水，馬上跑去萬華康定路的「賊仔市」，買了一輛二手腳踏車。

那時候的台灣，腳踏車是學生奢侈的交通工具。我在校園內，接連丟掉兩輛腳踏車，心情沮喪，險些捉狂，真想也「牽一輛來堵債」。

為免腳踏車再度被扒走，這次特地買了一輛毫不起眼，「只有鈴鐺不會響，全身都響」的兩光腳踏車。確保萬一，又加買了一個牢固的大鎖。結果，騎進校園沒多少日子，腳踏車沒丟，但鎖不見了。這就是窮困又啼笑皆非的日子。

《台大法言》是雙週刊，隔週的星期六，和許志仁、林嘉誠、卓垚龍、楊鴻江大伙泡在涼州街永茂印刷廠編輯版面，盯著工人鉛字排版，逐字校稿。三校之後，在印刷廠老闆再三拜託「不能再修改」的叮嚀下，我畫押寫下「付印」兩個字。之後，印刷廠旁的麵攤就是我們的「慶功宴」。窮學生叫不起牛肉麵，擺上桌的大多是陽春麵，豪華版的就是加一碗滷肉飯與切半的滷蛋。

直到我和陳玲玉就業之後，有能力請台大學運伙伴上館子吃飯，《台大法言》編輯楊鴻江就數次提醒：「你們夫妻請我們吃什麼都可以，就是不要再請滷肉飯，我們已吃到黑牙齒了。」

在阮囊羞澀的年代，同學們去「八德客棧」陳玲玉家打牙祭、大快朵頤，是《台大法言》伙伴最期待的時刻。

八德客棧不但是「台大法代會」的腸胃補給站，也是彈藥後勤基地。不能被校方事先察覺的刊物寫作與編排，都移師到八德客棧的餐桌上。

一九七一年間，為了替十一月十五日召開的「言論自由在台大座談會」廣為宣傳，臨時決定發行一萬份的《快報——我們要說話的權利》。我立刻找來有思想、文筆又好的錢永祥，盧正邦，到八德客棧和陳玲玉密商。

盧正邦一邊喊：「這太危險了，你們在幹什麼？」一邊習慣性地坐上餐桌旁的桌椅，拉出抽屜，頂著肚子。他說：「沒有東西頂著肚子，寫不出東西。」一邊嘟囔，邊

陳玲玉與家人於八德客棧
（左起）大弟陳陽明、陳玲玉、陳玲華、小弟陳陽光，坐者為爸媽

（左起）洪三雄、楊庸一、卓垚龍、陳玲玉、盧正邦、林嘉誠於八德客棧

下筆。

思考縝密的錢永祥則皺著眉，遲遲不動筆。陳玲玉跟我互看一眼，溜進她爸爸房間，把矮櫃裡的洋酒，摸一瓶取下，倒給錢永祥喝，未喝完的再偷擺回去，等待下回賄賂他。老錢果然就文思泉湧了。

我們造反的文章，就是在八德客棧的餐桌上，一篇篇變出來的。

公車上的告白

「敬呈　敬愛的洪主席」。

這是我大二那年擔任「台大法代會」秘書長結束的暑假，第一次寫給洪三雄的文件。

我把他擔任「台大法代會主席」所主辦的各項活動，寫成「台大法代會年度工作總結」，在封面上，工整寫上「敬愛的」三個字。

腦中同時浮現，前陣子和好友蔣蓓蓓在公車上的一段對話。

「妳知道嗎？那個女生要去參加救國團活動，叫洪三雄載她去銘傳商專。她好像

陳玲玉大二時的剪貼簿

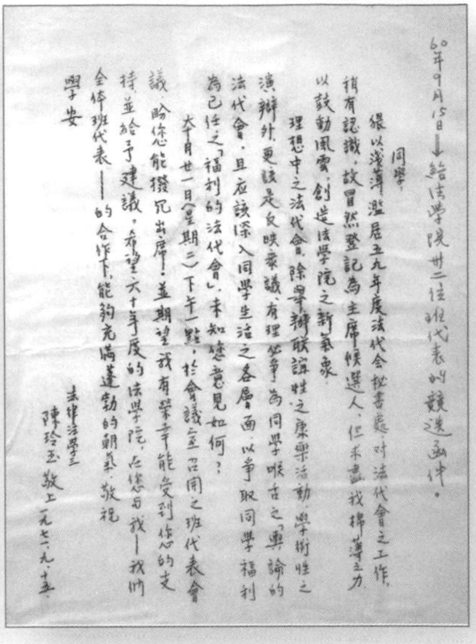

60年9月15日↓給法學院卅二位班代表的競選函件。

同學：

很以淺薄濫居五九年度法代會秘書處，對法代會之工作，稍有認識，故冒然登記為主席候選人，但求盡我棉薄之力以鼓動風雲，創造法學院之新氣象。

理想中之法代會，除舉辦联誼性之康樂活動、學術性之演辯外，更該是反映眾議，有理必爭為同學喉舌之「輿論的法代會」，且應該深入同學生活之各層面，以爭取同學福利為己任之「福利的法代會」，未知您意見如何？

本月廿一日（星期二）下午一點，於會議室召開之班代表會議，盼您能撥冗出席！並期望我有榮幸能受到您的支持，並給予建議，希望六十年度的法學院，在您与我——我們全体班代表——的合作下，能夠充滿蓬勃的朝氣。敬祝

學安

法律法學三
陳玲玉 敬上 一九七一、九、十五

1971 年 9 月 15 日
陳玲玉給台大法學院班代表的信

大二的陳玲玉於「台大法代會」辦公室

1971 年 9 月洪三雄與陳玲玉「法代會」主席交接

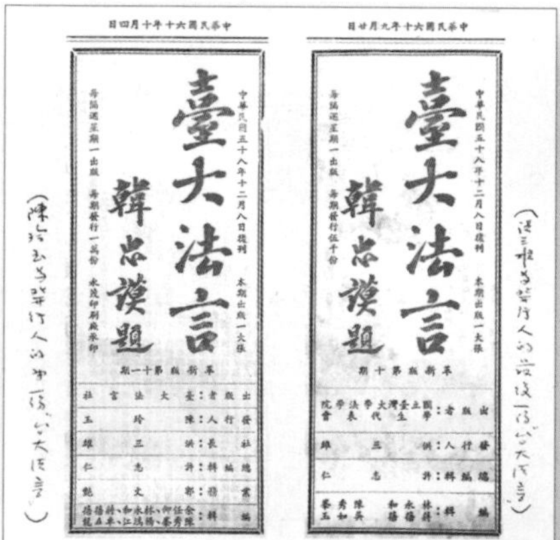

《台大法言》報頭的立場與信念

很喜歡洪三雄哦！」

「是那個短髮的女生？」我立刻想起上次台大法學院電影散場後，在交誼廳等待的倩影。

「洪三雄有女朋友嗎？」

洪三雄是學校鋒頭很健的風雲人物。釣魚台遊行走最前面、代表台大學生向美國大使館、日本大使館遞交抗議書、幫同學整修學生活動中心、促使公車改道、《大學新聞》主筆，跟訓導長爭執不斷的……

我驚覺，這些日子，除了睡覺，眼睛睜開，最常看到的臉龐、最常出現的身影，都是洪三雄。

「這是怎麼回事？是幻覺？還是愛慕？」我心跳加快問自己。

大二期末考後，走到佈告欄前，看到「書卷獎」榜單上，洪三雄竟然和我一樣上榜。我對他的好感，再添一筆。社團搞得有聲有色，又不荒廢功課的學生，是稀有動物。

二〇〇四年，台大學長胡定吾（政治系，曾任中華開發銀行總經理），請我擔任他無端被牽扯的新瑞都案的辯護律師，他被媒體問及「跟陳玲玉的淵源？」曾任台大「代聯會」主席的他回答說：「當時我們社團負責人幾乎都不太念書，只有陳玲玉常常拿第一名。」

環顧四周，好像只有洪三雄和我，兼顧學業與學運。聽到他跟姊夫借摩托車載短髮女生的消息，我的心底激起漣漪，一圈又一圈的暈散開來。

他為了傳承學運香火，打我主意，極力勸我接下他「法代會」主席的學運棒子，他自己則轉為主掌《台大法言》的文字革命。

把握搭公車的時間，洪三雄又在車上對我遊說。

我內心很掙扎、彷徨。衝鋒陷陣的女生，以後怎麼找到伴侶？或著說，眼前這個衝鋒陷陣的男孩，是不是可以當我的男朋友？

我深吸了一口氣，然後仰頭看著他：「我媽媽說，若我當上『法代會』主席嫁不出去的話，你要負責嗎？」

我的表情故作輕鬆，但顯然這個問題嚇著了洪三雄。

平常思慮敏捷的他，一臉錯愕，拉著公車吊環手足無措，趕緊把眼神飄向窗外。兩人不敢四目對望。我偷望他的側臉，他推推眼鏡，鼻尖冒著汗。

答案在空中凍結。

到站了，他拉了鈴，一語不發下車去。

「天啊，我把事情搞砸了嗎？我對這個心儀的男生做了什麼事？」「少女告白，就此，失敗了嗎？」

男生宿舍的學運女神

搞學運的日子，「法代會」辦公室常有愛慕者的紙條、信件，甚至還有人寄來電影票邀約陳玲玉，但她總不理會。

根據她的說法：「不切實際，浪費時間。」

她生性聰明，口條清晰，大小會議都由她主持，時而激昂，時而緩和。她就是有辦法掌握現場群眾的情緒，阻擾鬧場者滋事，引導老師發言，具大將之風。

台大各社團幾乎都是男生擔綱，陳玲玉出任「法代會」主席，萬綠叢中一點紅，不管校園內外，都相當受矚目。套句現在的流行用詞，稱得上我們那個時代的「學運女神」。

台大學運正熱時，陳玲玉的聲名遠播到他校。

有一回午休時刻，她從「法代會」辦公室，被喚到校門口「面會」。一個輔仁大學研究所的男生專程從新莊坐公車來看她。

見到本尊之後，他驚訝的問：「妳是陳玲玉本人？」陳玲玉點點頭。

輔大同學轉了轉眼珠，不可置信的說：「我聽說妳很厲害，以為妳高䠷又顯目，沒想到妳長得這麼平凡，又這麼瘦。」

這位輔大研究生，是時任輔大「法代會」主席的湯金全，後來成為知名律師，且曾擔任立法委員。

台大畢業多年後，有一次我們和一家食品集團的第二代聚餐時，他透露當年就讀政大期間，男生宿舍有一陣子出現「陳玲玉的熱門討論」，還有人起鬨寫信去台大，看能不能約到陳玲玉？結果沒有人成功。

前陣子，我閃到腰，去長庚醫院找台大老同學張承能診療。他是長庚醫院腦神經外科的權威，曾為劉邦友命案唯一活口鄧文昌作腦部手術，名噪一時。張承能畢業台大醫科，晚我一屆，他和陳玲玉是台中師專附小同學，一個是男生班班長，一個是女生班班長。他常笑我：「如果當初我把玲玉交走，你就沒老婆了。」

張承能熟練地按住我的腰診查，一邊跟我聊起不在場的女主人陳玲玉。他笑呵呵的說：「放心！我會好好照顧你的腰，因為你照顧我們大家心中的女神啊。」

這個女中豪傑後來在我的遊說下，接下「法代會」主席的棒子。至於她在公車上那一段假借「媽媽說」的告白，當下我真的不知所措，事後回想起來，直覺是「被她

洪三雄為陳玲玉拿課本，於台大校門口

被查禁的《知識人的出路》

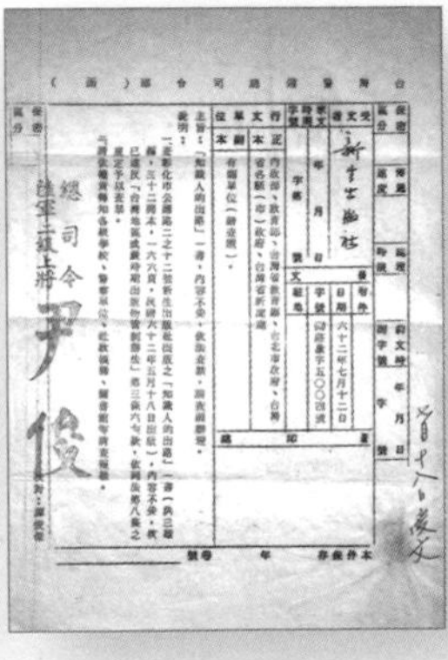

台灣警備總司令部（函）

受文者：新生出版社

主旨：「知識人的出路」一書，內容不妥，依法查禁，請查照辦理。

說明：

一、查彰化市公園路二之十二號新生出版社出版之「知識人的出路」一書（洪三雄編，三十二開本，一六六頁，民國六十二年五月十八日出版），內容不妥，核已違反「台灣地區戒嚴時期出版物管制辦法」第三條六款，依同法第八條之規定予以查禁。

二、請依權責轉知各級學校、警察單位、社教機構、圖書館等……

正本：有關單位（新生出版社）

副本：內政部、教育部、台灣省教育廳、台北市政府、台灣省各縣（市）政府、台灣省新聞處

發文日期：六十二年七月十二日

總司令 陸軍二級上將 尹俊

查禁公文

設計了」。

我是鄉下小孩，從小看爸媽互動，只有呼來喚去，沒有輕聲細語，要我把「愛」說出口，實在比登天還難。但是，從陳玲玉的公車震撼宣言後，每次看到纖細孱弱的她，抱著一大堆書籍上課，我總是一個箭步幫她把所有課本接過來，攬下這粗重的活。這是典型台灣男人含蓄的示愛方式，她應該懂吧？

充滿藥水味的初戀

我的公車告白一直沒有下文。

暑假過後，大三開始，一九七一年九月我接下「法代會」主席，和洪三雄更忙著跟學校對抗、寫《台大法言》明志、舉辦座談會爭自由、民主。我們如常互動，絕口不再提那一場公車上的尷尬。

「就當作是自己的獨白吧！」比起男女私情，我更珍惜伙伴的革命情懷。我幫洪三雄改稿，避免他言論過激被警總修理、一起策畫活動、熬夜寫傳單，在身旁默默守候。男女情愫如煙過境，只要當個愛慕者就好。

一年後，洪三雄畢業旅行環島到高雄，我突然收到一個大大的信封，裡面是一個毛茸茸的白色小狗玩偶。他只說：「看到它，思念我。」

「這算是定情之物吧？」我心中小鹿亂撞，這是他送我的第一份禮物。

距離公車告白，整整超過一年。很ㄍ一ㄥ的洪三雄，離開台北市後，才敢從遙遠的南台灣給了答案？

等我們開始要放膽談戀愛時，命運又跟我們開了玩笑。

升上大四，我卸任「台大法代會」主席，洪三雄當兵去了。大二、大三兩年學運與學業兼顧的勞累、二次記過懲處帶來的精神壓力、恐懼與驚嚇，我患了急性肝炎，無法上學，臥病在家，嚴重時連筷子都舉不起來，靠媽媽在床邊餵食。豈料，其間學運伙伴錢永祥、盧正邦、王曉波、陳鼓應老師們相繼遭逮捕，服兵役的洪三雄也被帶走審問。我病情更加惡化，臥床無法出門。

肝病纏身長達一年，我病懨懨地癱躺在床上，家人預防傳染，餐桌上我使用專屬餐具。也因此，我的初戀，不是濃情蜜意，而是充滿藥水味的捉弄。

服兵役的洪三雄，一休假就從中壢搭車趕來八德客棧陪我，但也只能坐在床的另一頭無奈遙望，沒有情侶般的牽手、親吻、擁抱。

病中的我，唯一期待的是，每週六下午四點，洪三雄出現在八德客棧的門鈴聲。

有一回，週六下午四點過了，門鈴沒響，我焦慮地從臥室走到客廳。埋首看報的爸爸，突然冒出一句話：「三雄今天應該不會來了。」失望的淚珠立即從我眼中奪眶而出，原來爸爸和我同樣，等待著洪三雄的出現。

洪三雄當兵那兩年，他幾乎每天一信。有一封寫著：「細水潺潺的叫，深潭悄然無聲。」含蓄內斂的感情，工整又熟悉的筆跡，是我病中最大的企盼與快樂。他寫給我的書信，頻率之密集，我自嘆不如。

病中的我回信不及，後來乾脆把我寫的日記，當作情書寄給他，讓他可以看到我每天的心情起伏、閱讀心得、各式雜感。每隔一段日子，他就把我的「心情日記」從部隊帶回八德客棧還我。這就是我們倆在病榻上建立的特殊情書模式。

一九七三年初，洪三雄還在服役，但仍抽空將《台大法言》值得摘錄的文章集結成冊，以《知識人的出路》為名，於五月四日，由他父親創設的「新生出版社」出版發行。

他在序言末段這麼寫著：

「我很慶幸在生之旅途找到一個如此知我、愛我、助我的良伴，但願健康和快樂永遠屬於她。」

「此刻，春風有知，也當替我捎去一信無言的祝福。」

簡單幾個字，卻是我臥病以來，痊癒我的最大妙方。可憾的是，《知識人的出路》問世不到一個月，就遭警總查禁。

掙扎的月台

當兵那年的除夕放假當晚，我步出兵營，站在中壢火車站月台上，看著南下與北上的遊客進進出出，年節氣氛濃厚。

「南下彰化？」「北上台北？」火車一班又一班在眼前穿過，我掙扎了一番，最後還是跳上北上的列車，自我安慰地想：「玲玉在台北病中，彰化的老母應該可以諒解我！」

猶記入伍當天，陳玲玉特地南下彰化老家送我。看平常銳利、善言的她，在月台上紅著眼眶，說不出話來。我萬般不捨，但又不知如何安慰，只能堅持先送她搭車回台北，我再南下軍營報到。

想起過去兩年多的朝夕相處、患難與共，未來兩年當兵，難以見面的漫長歲月，她說在三個多小時從彰化回台北的火車上，一路眼淚潰堤，坐在身旁的阿伯緊張地關

洪三雄畢業，與（左起）卓垚龍、盧正邦、楊鴻江、陳玲玉、林嘉誠、劉中興合影

臺大法言　　中華民國六十一年十月十六日

鼎鑊如飴為理想 學生輿論自承當

歷經處分停刊而今幕落 六十臺大法言精神不沒

【本報訊】本報素以「學生輿論」自勉頗深受大家的關懷與鼓勵，由於法代會行將改選，因此本報也將隨法代會主席的卸任而發行最後一期——第二十四期。

【又訊】在臺大輿論界中，遭逢前所未有停刊處分的臺大法言社全體服務同學，並未因而停頓不前，蓋以首次的遭遇原無關於個人之誠信與否，第二次本社則無背於國家出版法的大原則，是以在追求理想的過程中，臺大法言社能夠鼎鑊甘如飴的邁進不已，並繼續揭揚臺大法言「保民主、爭自由、尊人權、養正氣」的立場及「以生命保護內容，以內容交代歷史」的信念。臺大法言社全體同學並謝謝年來各位師長及同學的教誨、支持與愛護。

臺大法言

韓忠謨題

中華民國五十八年十二月八日復刊　社址：徐州路21號

每逢星期一出版　每期發行一萬份　本期出版一大張

革新版第二十四期

出版者	國立臺灣大學法代會　臺大法言社
發行人	陳玲玉
社長	洪三雄
主編	卓垚龍
經理	劉中興
編輯	陳秀蓁、楊鴻江、林卓垚、嘉誠龍

《台大法言》社長洪三雄任內最後一期《台大法言》

切：「查某囝仔，妳是發生什麼代誌？」

為了鼓舞她，我給病中的她每天一信，因為信件有安全官檢查，不能商討敏感大事，只能表露兒女心情。有一次見她久病食慾不振，我返回部隊後，馬上給她寫了一封信：

「很想帶病中的妳去彰化夜市，那裡有很好吃的彰化肉圓、蚵仔麵、還有妳最喜歡純芋頭做的芋仔冰。現在我就隨信寄上（畫了一盒非常逼真的芋仔冰），請妳享用之！」

那一盒躍然紙上的芋仔冰，融化了病中的陳玲玉，也顯露我對美術的喜好。中學時候，我每個學期囊括學校的書法與美術大獎。報考大學時，一度想報考美術系，但父親一句：「你要畫圖？以後，甘有法度飼某囝？」一語劃破我的美術夢。後來我把這項喜好，轉向藝術收藏與鑑賞，因緣際會出任經營骨董文物的「寒舍」公司董事長，也是另外一種心理補償。

陳玲玉是父母呵護長大的小孩。我不同，自幼家貧，凡事自己來。我們結婚後，家務事幾乎都由我包辦，一改「男主外，女主內」的世俗分工。我常自嘲，我是孔子口中「吾少也賤，故多能鄙事」的那種人。

有一回，我們一家三人出國。早餐後，陳玲玉習慣性地邊看法律資料，邊把桌上

女兒洪紹凡畢業於台大商研所，一家三口合影

收藏家系列之五

雙清怡情　洪三雄要收藏尊敬

理性系統收藏價格親民的文房文玩、易攜帶的唐卡和鎏金佛

■記者林美姿／專訪

洪三雄的收藏館—「雙清館」，由前故宮院長秦孝儀命名，占地廣闊的收藏館幽靜地隱身在信義計畫區裡，依洪三雄的6大收藏品項分門別類地陳列展示，並有專人管理，但只對行家開放。

洪三雄醉心於收藏，平時運動只練快走，不打高爾夫球，省下的時間都用來做文物研究。在收藏品項上，他也理性挑選價格相對親民的文房文玩，以及易攜帶、易移動的唐卡和鎏金佛作為收藏標的，建立系統性的收藏。

長達25年的收藏歷程中，他自認最大的收獲是「怡情、益智」，「儲財」只是自然而然附帶而來的。他更希望的是成為一位受人尊敬的藏家。

以下是專訪內容：

洪三雄小檔案

現職	國票證券董事長、雙清文教基金會董事長
出生	1949年
學歷	台灣大學法律系畢業
經歷	台南區中小企業銀行常駐常務董事、寒舍文物公司董事長、中華文物學會理事長、清翫雅集理事長、國票金控公司董事長、國際票券金融公司董事長
收藏資歷	收藏經驗25年，現為清翫雅集會員，專精於銅爐、硯台、竹雕等品項的收藏，並成立「雙清文教基金會」推廣文物藝術，基金會所典藏的鎏金佛像、唐卡、文房、琺瑯器、竹雕、漆器及石雕都相當知名。

▲洪三雄從文房入手收藏，花的錢較少，又可以把玩。（記者陳思豪攝）

洪三雄的收藏精選6大類，小題大作，專注研究。（記者陳思豪攝）

收藏　全家共同的興趣

問：收藏是你們全家共同的興趣是嗎？

答：我很幸運，太太和女兒都……

底價多出好幾倍才搶到。有趣的是，拍賣官落槌時，竟然把槌子敲斷了，這種事還很少見，也成為我們家的笑談。

後來她從美國唸完書回台，先……

、漆器、藏傳佛像、唐卡等6大類，其他略涉象牙雕刻、壽山石、木雕、中國的鏍鈿等。文房方面，我以硯台為主，因為文房四寶（筆墨紙硯）中只有硯台可以長久保存。

古董的領域太大，而且沒有專……

曾借過展品。

問：你的佛教藝術文物收藏主要是唐卡和鎏金佛，為何重視這兩大類？

答：唐卡被稱為「活動的佛像」，在西藏、蒙古、新疆這些地區居住的遊牧民族，他們平時遷……

性也最高。因為它融合了北傳佛教、南傳佛教和苯教的特色，加上印度、尼泊爾歷來的造像藝術，所以豐富多元。

例如北傳佛像的造型端正、規矩，但藏傳佛像的型態與表情就相當豐富，有忿怒像、寂靜像、……

媒體報導：「雙清怡情　洪三雄要收藏尊敬」

我擺放的維他命吞了下去。女兒在旁邊驚呼：「媽咪，那是我的。」原來這個糊塗的媽媽，把屬於女兒的那一份也服了下去。

只要天黑，她就不敢一個人在家。直到如今，我若要出國，還得找親人來家裡「陪睡」。女兒曾調皮建議，為防萬一，應該掛塊大餅在媽媽脖子上。問題是，這個媽媽連礦泉水都打不開。

如果人的腦袋是一顆有容量限制的硬碟，陳玲玉的硬碟，應該九九％都被工作程式占滿。她也自承：「自己是零生活自理能力者。」

「認份」的我，只好把家務一手攬、把太太當孩子養。

拙婦大律師

我和洪三雄決定結婚時，外婆焦慮跑來問媽媽：「妳嫁女兒，攏沒探聽對方家庭？頂頭有兩個兄嫂，六個大姑（姊姊），玲玉不會煮吃，也不會做家事，要怎麼捧人飯碗？」婚後幾年，阿姨看到我，還經常質疑：「啊，真奇怪，妳竟然還沒被退貨？」

這些婆婆媽媽們的擔憂，不是沒有道理。自幼我就是頭腦發達、四體不勤的女生。初中家政課勾毛線靠媽媽捉刀，低分掠過。大學體育課靠老師法外開恩，參加「殘障特別班」補考才過關。婚後我連電鍋煮飯也不懂，煮開水可以燒壞好幾個水壺。

畢業於美國賓州大學及台大商研所的女兒紹凡，兒時對媽媽的記憶是：「別人媽媽都在廚房忙碌，我媽媽總是在書桌的那一頭；別人媽媽端出熱騰騰的飯菜，我媽媽卻總站在傳真機旁等待熱呼呼的文件。」

在美國時，我這個笨老婆連針線都不會拿，女兒舞會的禮服修改當然就由洪三雄負責。婆婆是裁縫師，他耳濡目染，腳踩裁縫車還會「倒退嚕」。他邊縫邊苦笑：「若是我媽看到他的兒子這副德性，應該會哭。」

我是生活白癡，十足家事拙婦，這件事，婚前洪三雄都十分清楚，他有自知之明，才敢選擇我。

對於挑選伴侶，從小我就教導女兒：「絕對不要偽裝自己，不必把自己裝扮成比平常更漂亮、更溫柔去討好男生。」女兒婚結時，我在高朋滿座前告誡女婿陳尹鈞：「婚後請讓小凡活得自由、自在、自信，就像婚前一樣，請不要改變她，因為現在的她，正是你所追求的人。」

AA3 人物學堂　新聞投訴專線：02-23064553、02-23087111 轉5550　傳真：02-23065924　E-mail：news.ct@chinatimes.com.tw　中華民國102年12月24日／星期二

http://www.chinatimes.com

走過學運 洪三雄 陳玲玉 相知相惜

黃琮淵／台北報導

具有學運背景的國票證券董事長洪三雄、陳玲玉夫妻檔，年輕時允文允武，書念得好，搞學運更出色，他們夫妻倆感嘆現在的速食教育，致當今學運少了典範、更缺乏論述基礎，難以發揮改變社會的力量。

國票證董事長洪三雄畢業於台大法律系，妻子是國際通商法律事務所律師陳玲玉，小他一屆的學妹，兩人從大二下因保釣等一連串學運中相知相識，畢業後走上紅毯。

做學運 要念很多書

回憶起大學時光，陳玲玉敬佩洪三雄「不只書念得好，搞活動也是有聲有色」，哪像她只想把書念好、拿書卷獎，直到洪三雄……

……，但當今學運卻看不到。

「政黨沒有論述、評論者也沒有論述，連帶使我們的孩子也沒有論述」，洪三雄認為，學運不能只講自己的，要有「能夠說服對方」的理論基礎，因為若能成功說服反對者，學運才算真正勝利。

陳玲玉相當推崇「大學是社會的良心」這句話，但也感嘆「現在的良心在哪？」曾為學運世代的她認為，正因社會對大學生的……

天生絕配　國票證券董事長洪三雄（右）與夫人陳玲玉（左）這對「絕配」，在大學時就有共同的理想，細談起當年學運，仍展現出一股熱情。（王英豪攝）

夫妻鬥嘴時 誰先低頭？ 陳「語錄」傳給老公「反省」

黃琮淵／台北報導

……詞，來形容洪三雄、陳玲玉這對……爭執，又是如何化解？陳玲玉……

……開作為緩衝。

該如何化解？多是「寫給你看」，陳玲玉有個習慣，平常閱讀心靈修養書籍時，會順手把她覺得有哲理的話抄下來，過去只要跟洪三雄吵架時，她就會把這些「語錄」放在洪三雄的公事包內……

中國時報 102 年 12 月 24 日報導

（左起）錢復、田玲玲、洪紹凡、陳玲玉、洪三雄於錢公館

Dear Lindy
HAPPY
BIRTHDAY
FOR MY WIFE
WITH LOVE
You're always on my mind......
and forever in my heart.
一九九一·一·廿五
FROM SAN FRANCISCO
STEVEN

1991 年洪三雄親手為陳玲玉繪製的生日卡

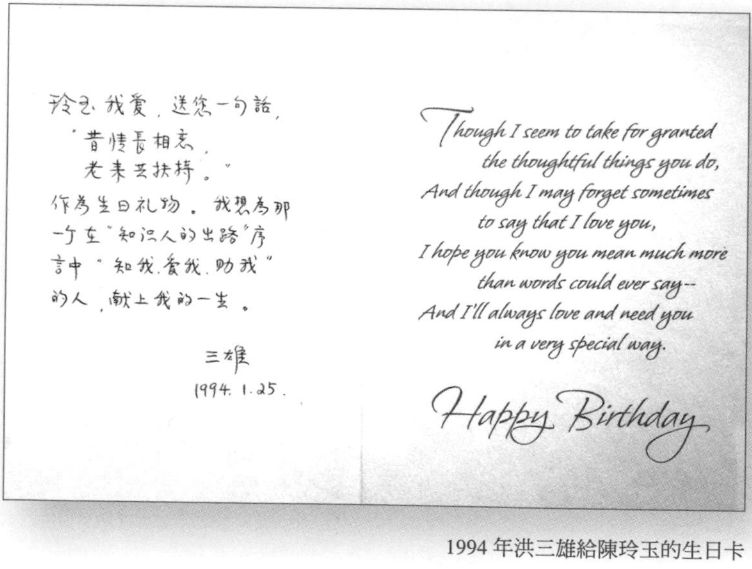
玲玉我愛，送您一句話，
"昔情長相忘，
老來共扶持。"
作為生日礼物。我想為那
一个在"知识人的出路"序
言中"知我,愛我,助我"
的人，獻上我的一生。
三雄
1994. 1. 25.
Though I seem to take for granted
the thoughtful things you do,
And though I may forget sometimes
to say that I love you,
I hope you know you mean much more
than words could ever say--
And I'll always love and need you
in a very special way.
Happy Birthday

1994 年洪三雄給陳玲玉的生日卡

我的客戶多的是企業家，我也看過很多豪門二代婚姻的促成與失敗，深知在成功事業的背後，要維持穩定和諧的婚姻，非常困難。

「家中的另一半」和「夢中的情侶」，大都截然不同。婚姻都有難關，需要智慧地經營，一如對事業的用心。

我非常幸運的碰上洪三雄，他讓我完全做自己，而非洪太太。他讓我在四十多年的律師生涯，擁有自己的一片天地。尤其，在我律師事業正要從本地服務邁向國際服務的關鍵時刻，他隻身陪伴女兒留在美國念書，當了六年的「超級奶爸」，讓我無後顧之憂。

紹凡結婚時擔任證婚人的前監察院院長錢復，就數次在餐宴中向大家說：「成功的男人很多，但我沒有看過像三雄這樣了不起的丈夫和爸爸。」

有很長一段時間，「太太是國際律師事務所負責人，丈夫在國外帶小孩。」我們不同於世俗的家庭分工，曾引來外界異樣的眼光。

有一次洪三雄跟朋友聚會，因他不參加續攤，別人激他怕老婆，他順勢接話：「不好意思，因為我是被招贅的，沒辦法。」在座有位不知情的初識朋友竟當真而安慰他：「不要失志，被女方招贅的男人都是比較優秀的。」

洪三雄敢用「入贅」自嘲，真是一個幽默、自信的真男人。

他毫不介意，我每天花很長的時間在工作、演講、授課、寫書……一定要竭盡自己所能把事情做到更快、更好、更周延。我也喜歡站上講台中央，讓燈光打在身上，和大家分享我竭盡心智的心得，也享受人群給我的迴響。

但是，洪三雄呢？

他的才氣遠在我之上，但卻喜歡站在燈光打不到的暗處，幫我鼓掌打氣。我甚至經常感到，他比我更享受別人對我的重視與尊寵。

這需要很大的修練，才能讓「光」與「影」的兩端，鋪陳出和諧曼妙的人生。

我常想，若不是十九歲那場台大學運的邂逅，背景不同、個性不同的兩人，怎可能有今日互補、互諒、互持的姻緣？

所以，當洪三雄怨嘆：「我上輩子一定是欠了你們陳家的錢，這輩子才會這樣被妳吃死死的！」

我立刻笑咪咪回應：「這麼好的丈夫，我要和你做七世夫妻。」他回瞪我一眼：「妳麥肖想，這輩子我賺的錢都歸妳好了，下輩子請千萬放我一馬！」

「我媽說，嫁不出去，你要負責嗎？」想起四十幾年前，公車上那段八點檔連續劇的設計對白，竟然成功套住了洪三雄一輩子。至今，他嘴巴仍未說出「負責」兩字，但他已經用行動實際「負責」了幾十年了。

第八回

學運經營學

那時候，一部頂級彩色電視機可以買兩間西門町小套房，我和陳玲玉坐在林挺生董事長辦公室的沙發忐忑等待，心中暗自盤算著，今天一定要，一定要拗到一部大同彩色電視，才能回去。

夜半棒球夢，台大第一台彩色電視

大三那年，擔任台大「法代會」主席的我，和秘書長陳玲玉忐忑地坐在台北市議會林挺生議長辦公室（現在中正二分局），這是我們第一次拜訪大人物，坐在很大的沙發上等候。

我們已經被拒絕多次，閉門羹吃到怕，但機會終於來了，讓我們興奮、緊張又不安。

要怎麼形容當時林挺生「這號人物有多大？」依照現在的政商標準，應該接近郭台銘＋王金平這款重量人物吧。

林挺生是第一屆台北市議會議長，連任三屆共十二年，也是當時全台最大民營公司「大同」董事長，他獨創的第一個企業吉祥物大同寶寶，與留學生必備的大同電鍋，是台灣人共同的記憶。這號頭等人物，對於兩個毛頭小子，簡直是遙不可及的雲端名人。

可以敲開林挺生的門，要歸功陳玲玉的大膽大器。她自幼跟在父親陳土根身旁，習慣與大人物應對進退，套句台語就是「目色真巧」的囝仔。

她想出以《台大法言》編輯的身分去專訪「傑出校友」林挺生，請他給學弟妹一些建言。

主掌「法代會」的我和陳玲玉衝勁十足，一心想把法學院的沉痾一一剷除。「杭州南路教室旁公車噪音」與「學生活動中心破舊」，成為首要之務。前者需要透過林挺生的議長身分，對台北市政府公車處關切；至於後者，則是希望林挺生校友捐一部彩色電視給剛整修完畢的法學院學生活動中心。

現在人手一機的時代，恐怕無法想像四十五年前，全里或是全村擠在一部黑白電視機前面，簡陋又興奮的娛樂環境。

當時只有台視、中視、華視三家電視台，每天播映的時間，只限中午及晚間的特定時段。歌唱節目《群星會》最令人目眩神迷；中視推出第一部連續劇《晶晶》，主唱者就是年僅十五歲的鄧麗君。

最令全民瘋狂的是，一九六八年起從台東紅葉隊開始的台灣少棒運動。

「台中金龍、嘉義七虎、台南巨人」的棒球小將，每年在美國威廉波特出賽時，大家都興奮地徹夜等候收看電視的實況轉播，那是當時國人唯一可以「宣揚國威」的機會。法學院學生有許多離鄉背井住宿在校的外地囝仔，若可以在螢幕這頭一起為自己的鄉親越洋加油吶喊、同悲共喜，是遊子們非常大的撫慰。因此，我心想：「無論如何，明年少棒比賽前，一定要在學生活動中心放上一部彩色電視。」

此刻，大同電視的大老闆就坐在我們面前，我們小心揣摩，懇請他：「給予我們學業上的啟發，也請重視台大學弟妹們的育樂生活。」

他聽完我們兩位的殷殷企盼之後，也許不便當面拒絕，找來大同公司的宣傳部跟我們保持聯繫。

林挺生沒有當場答應，想來也合理，因為我們真的是「獅子大開口」。

當年台灣才剛從黑白進入彩色電視機第二年，全台六十萬部電視中，僅有三萬多部彩色電視。依照當時最大廠牌美國「增你智」的報紙廣告，彩色電視機每部從兩萬七千元起至十二萬元不等。西門町的小套房一間只要五萬元。也就是說，我們若是要到最頂級的彩色電視機（二十三吋），應該可以買兩間西門町小套房了。

一開始，大同宣傳部主管擺明只能「半價優待」，我們這群窮學生當然無法籌錢買單。陳玲玉決定把林挺生的訪問稿，以「由黑白邁向彩色談起」為題，搶先刊載在《台大法言》上，放出大同公司將要捐贈彩色電視的訊息，還向同學信心喊話：「未到最後關頭，絕不輕言失敗。」

經過幾次周旋，大同公司宣傳部敵不過我們的死纏，終於同意以林挺生傑出校友

整修設備擴充服務
活動中心萬象更新
取之於同學用之於同學
最低的消費最高的享受

活動中心整修緣起
陳玲玉

專訪
從「由黑白邁向彩色」談記
——林挺生先生訪問記——
陳玲玉

《台大法言》陳玲玉對林挺生訪問記、活動中心整修緣起

「台大法學院學生活動中心」重要幹部：
（左起）黃秋田、蔣蓓蓓、郭文艷、洪三雄、陳玲玉、許志仁

的身分，「捐贈」一台彩色電視機給台大法學院學生代表會。

一九七一年八月二十八日凌晨，台南巨人隊在威廉波特少棒賽與北美隊進入最後對決，六局結束仍三比三平手，大家屏息以待，延長賽打到九局。當晚，台大法學院的住宿生，人山人海擠滿學生活動中心，一層層圍著剛來不久的大同電視，這也是台大第一部彩色電視機，大家徹夜吶喊、緊張、歡呼。

那一夜，巨人隊以十二比三大勝北美隊，為台灣奪回前一年喪失的世界少棒冠軍獎杯。我和陳玲玉千方百計要來的彩色電視機，轉播了那一夜的光榮，也見證了學生跟大人物周旋的一幕秘辛。

學長，你不就是那個系花嗎？

我一個人孤伶伶從一號公車下車，這是萬華通往羅斯福路台灣大學的路線。一九六八年我剛從彰化北上唸台大，借住在哥哥萬華家中，每天最親密的朋友就是「一號」公車。

媽媽四十五歲才生下我，家中九個小孩，我是么子。爸爸在我念大學時已近七十歲，父子倆幾乎沒什麼互動，手足間也不是玩伴。彰化中學畢業同班只有我一個人考上台大，高中時的狐群狗黨都不見了，心裡總覺得孤寂，好像跟這座城市格格不入。

進入台大第一年，社團活動琳琅滿目，我一點興趣都沒有。唯一引起我興趣的，就是途經牯嶺街舊書攤，那裡擺滿了《自由中國》《文星雜誌》，還有殷海光等大師的自由主義思想與批判國民黨的書籍。一有空，我就直奔牯嶺街舊書攤，一頭埋入禁書世界。

後來，我搬到信義路師大附中對面的姊姊家，下課就返家或擔任家教，住宿同學課後吃喝玩樂的匪類生活，都沒有我份。台北的女同學較會打扮，有些甚至開始化妝了，雖然十分吸睛，但我也鮮少去參加聯誼舞會或是郊遊活動。

小我一屆的陳玲玉也跟我有同樣困擾。她從台中女中考上台大法律系，經過一陣城鄉差距的慘綠歲月，除了參加以辯論為主的「建言社」，其他娛樂聯誼性質的社團，她一概沒興趣。

陳玲玉曾說，她大一時，去過的地方就是在同學虞彪家中開舞會，他的爸爸虞舜是名律師兼《法令月刊》社社長。位於臨沂街，他家地下室有五十多坪大客廳，常借給班上同學辦活動，虞媽媽還會請佣人準備點心招待，非常好客。

大學前兩年，我擺明不想融入社團活動，整天埋首書堆，「書卷獎」是我努力的目標。

走文青路線又不解風情的書獃子，若在電影中，一定會出現被捉弄的情節。果然，我被惡整的一天終於到來。

大一暑假過後，給法律系學弟妹的迎新會上，班上同學竟然推選我當本屆「法律系系花」。

頭罩臉巾，身穿花裙洋裝，當作迎新會的重頭戲。那場不堪回首的反串表演，我幾乎已經忘了一乾二淨。

但是，三十年後陳玲玉在她為父親八十歲生日而寫的《家門》書中，卻清清楚楚地寫出我當選系花那一幕：

「那一位被選為最美麗的大二生……男扮女裝的出現在大一新生面前。他有一張清瘦的臉，微暴的門牙，高瘦的身子，外表並沒有特別吸引大家的注意……」

這個轟動一時的出場式，我雖不甚情願，仍大方的上演反串秀取悅大家。

事隔一年，我出任「法代會」主席，首次找陳玲玉，徵詢她出任秘書長的意願。她第一眼看到我，噗嗤大笑：「啊，學長，你不就是那個系花嗎？」

社團獨行俠變成學運核心

不熱衷社團的我，為什麼會變成台大「法代會」主席？

起因是大二升大三那一年的暑假，同班同學黃麗芳是「代聯會」康樂股股長。當時「代聯會」主席是胡定吾，秘書長是馬英九。蔣經國當救國團主任，「代聯會」的聯誼活動呼應蔣主任，到金山救國團營地舉辦學生營隊。

黃麗芳請我去幫忙。我不習慣這種場合，另找出身高雄橋頭的同學許志仁一起去。

許志仁是南部小孩，年輕時黑黑瘦瘦，同學都叫他「林肯」。他曾提及橋頭余登發參與民主抗爭的事跡，令我心頭一震，「原來台大還是有知音可尋」，就此成為好兄弟。那一場金山營隊，大部分的活動都是唱歌跳舞遊戲，圍著營火、烤肉、彈吉他。我和許志仁身處其中，百般無聊。

營隊中一位馬來西亞僑生同學黃振昌，可能看出我的無感與無聊，突然湊過身來說：「ㄟ，你覺得社團活動一定要這麼無聊嗎？台大法學院學生代表會（通稱「法代會」）就要改選，你要不要試試看？」

黃振昌嘆口氣說：「社團總不能都只是吃喝玩樂，應該可以做些別的事情啊！」

他的話深獲我心：「是啊，大學不能任玩四年，虛擲青春啊，我們應該可以做些有意義的事情。」

營隊結束後，我在黃振昌的慫恿和協助下，參選「法代會」主席。當時國民黨的校園佈線全力控制最大的學生團體「代聯會」，對於旁枝末節的「法代會」似乎並不在意，我才可能因緣際會主導了「法代會」，意外掀起往後兩年的學運浪潮。

come on baby交誼廳：跟校方搶生意的日子

「有氣無力的燈光，疲乏蒼老的地板，失去血色的牆壁……」這是法學院學生活動中心整修完成後，陳玲玉在《台大法言》撰文的整修報告。

法學院的學生活動中心坐落在一棟老朽的日式宿舍內，「法代會」的辦公室就位於其中。活動中心的木製地板走起來吱吱作響；玄關內燈泡昏暗猶如低俗茶室，撞球台像是被剔了毛的癩痢狗。

整個活動中心就只有兩名老兵歐吉桑，伴著老舊的吧台與冰櫃，販賣清一色的雪糕三明治，唯一熱門的飲料就是淡而無味的「榮譽紅茶」，擺明了沒得挑選。

我入主「法代會」後，第一步就是接管學生活動中心。我們自行批發食物來交誼廳賣，增加了熱騰騰的南美咖啡與新鮮的西點麵包，還有香噴噴的五香茶葉蛋。校方福利社賣的冰淇淋三明治、蘋果西打，學生活動中心的價格硬是少了五毛錢。除了啟動殺價機制，也把握大學聯考那兩天，考場設在法學院校區的地利之便，我們搭起帳篷，賣三明治與冷飲，跟福利社搶生意，一天大賺上千元，還遭到校方庶務科人員因袒護福利社而多方阻擾。

為了讓學生活動中心更具經營競爭力，我們史無前例地進行交誼廳大變身計畫。我和陳玲玉採取糾纏戰術，每個禮拜多次搭著〇南公車，從徐州路的法學院回羅斯福路的校本部要「經費」。

訓導處、總務處、事務處等各處公文往返無數，死纏爛打、鍥而不捨，終於爭取到三萬零四百元的訓導經費，整修學生活動中心。更新了燈光、吧檯、球檯和地板，還增設沙發座，裝上身歷聲唱機，現場備有唱片（當然是黑膠唱片）與目錄卡，同學還可以自備心愛的唱片來播放，享受一下當DJ的快感。

交誼廳開幕時，陳玲玉在《台大法言》寫了一段誘惑力超強的廣告詞：「身歷聲唱機在你的點播下，唱出〈come on Baby〉，奏出『保羅瑪麗亞』的旋律，來吧！朋友，這一切都是你應享有的。」

硬體整理好，我們又向林挺生募來大同彩色電視機，暮氣沉沉的學生活動中心，整個亮麗起來，成為法學院人氣最旺的地方。

除了招攬同學來活動中心消費，增加收入，我們還舉辦撞球、桌球比賽，優勝者不發獎品、獎杯，而是改發自製「禮券」，讓同學再回來消費。

我們倆在同學眼中，原本是只會拿書卷獎、不會玩社團的書獃子，卻都有商業頭腦，把學生活動中心經營得生氣蓬勃。擔任秘書兼總務的是許志仁，會計則由郭文豔（國貿系，現任大同公司總經理）負責。活動中心的改造成功，也使《台大法言》在其後兩年跟校方抗爭中，獲得了法學院同學的大力支持與信賴。

法學院活動中心大變身，讓我摸索出企業轉虧為盈的三大心法。第一、魄力除舊、注入新血，才能脫胎換骨；第二、充實並擴大營業，才能創造盈餘；第三、利潤共享，才能永續發展。這三大心得讓我在往後參與的公司整頓及機構改造，都受益匪淺。

土法煉鋼的大數據：民調終結公車噪音

在網路巨量資訊的現代，企業進行市場預估，常以資料彙整的大數據來佐證。但在我們唸大學的戒嚴年代，引用「民意調查」很容易被誣陷「反政府」。進入「法代會」第一個月，我和洪三雄選定困擾法學院多年的「公車噪音」議題來操作民意，希望靠同學自己的力量帶給市政府與學校壓力。

位於台北市杭州南路、濟南路口的台大法學院，因為沒有腹地，教室緊鄰車水馬龍的路口，公車停了又開的啟動引擎聲、上下車開門聲、司機乘客的吆喝聲，常讓上課的老師聲嘶力竭，同學專注力隨著公車進出，恍恍惚惚。這樁噪音困擾，經法學院校方跟台北市公車處反應有年，始終無法改善。

「法代會」決定先進行法學院民調，結果有八成的同學贊成積極處理，但校方兩手一攤，表示愛莫能助。我和洪三雄決定自行向市政府與市議會請願，呼籲公車處遷移公車站牌。

學運「大數據」，是我們的創舉。

我們拜託法律系兩位最具「水牛性格」的同學，鄭本源與劉中興，負責執行。他們率領了十幾個同學分工，從早上到晚上，足足十個小時，人手一台錄音機與筆記本，逐一記下公車到、離時間，錄下一輛又一輛公車啟動引擎聲音的音量大小。最後彙整出「實況錄音」報告，每天有八一二三輛的公車班次，在台大法學院路口開了又停、停了又開。

洪三雄和我隨即帶著這份報告，面見台北市議會議長林挺生，也向當時最熱心反應民意的市議員紀榮治陳情。

一年後，紀榮治議員回了一封信給我，令人振奮。懸宕多年，市府公車處終於遷移了台大法學院的公車站牌，還給上課師生一個清靜的空間。

四十五年前，八一二三個錄音檔案的記錄與統計，土法煉鋼建立起來的資料庫，成了我們終結公車噪音的最有力證據。

這個案例讓我領悟到，搞學運不能只做衝撞式的除舊佈新，更需要巧妙思考足以達成目標的各種方法，也需有坐言起行、意志堅定的執行力，才能完成具有建設性的成就。

我和洪三雄屬於「檯面組」，跑在前面跟校方爭論，向各方陳情。後台的「水牛組」更是可佩，他們如同地椿般無聲無息的扎下根基。

臺大法　中華民國六十年五月十五日

臺大法言

韓忠謨題

中華民國五十八年十二月八日復刊

革新版第七期

出版者：國立臺灣大學法學院學生代表會學術股

發行人：洪三雄

總編輯：李宗哲

副總編輯：許義忠

編輯：盧世祥　陳玲玉　簡頌君　張慧芬　蘇永欽

噪音問題的解決 法代會克盡全力

三項調查民意測驗與物證 議會提請願實施交通管制

【本刊訊】法代會主席洪三雄，鑒於噪音問題一拖再拖成懸案，認為「非不能，不為也」；又根據憲法的規定，人民的自由權利應受保障；講學自由應維護。於調查同學之意見後，百分之八十以上贊成積極解決問題。又於四月二十九日實施記錄濟南路交通流量，十小時內，八千一百二十三輛的流量。並且動員人力完成一項噪音實況錄音，測知噪音之音量，作為我們解決噪音問題的有力物證。

由於市府無力解決，問題轉至市議會，願針對癥結，提出解決法案。方案有二，其一為公車巴士改道，其二為設立禁止通行區，於不影響同學交通便利，不影響市民原有搭車習慣為解決之原則。

教學採分班小班制度。

最後周教授提出了對商學系的期望

《台大法言》
對噪音調查的報導

台北市公車處宣布
「公車改道」的告示牌

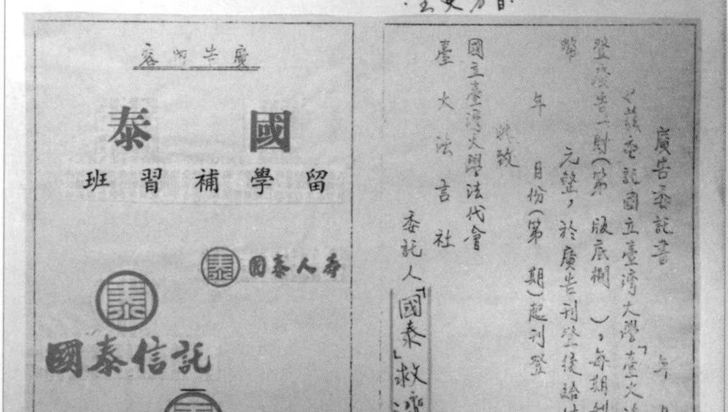

自力更生

廣告內容

國泰留學補習班

國泰人壽

國泰信託

國泰建設公司

廣告委託書　　年　月　日

茲委託國立臺灣大學「臺大法言」刊登廣告一則（第　版底欄　），每期刊費新台幣　元整，於廣告刊登後給付。請自　年　月份（第　期）起刊登　期。

此致

國立臺灣大學法代會

臺大法言社

委託人「國泰」「救濟所」

陳玲玉印製的「廣告委託書」
及被她戲稱「國泰救濟所」的公司商標

那兩名蹲在馬路邊，忍受公車廢氣長達十小時的水牛同學，也把他們任勞任怨的精神、精算求真的執行力，帶入職場。鄭本源從台大畢業就任職富邦集團（當初隸屬國泰集團），目前是富邦人壽的董事長，從未更換雇主。劉中興也是在三商美邦人壽公司奮鬥有年，目前榮任董事長。

那兩年學運的抗爭，教會我們如何和不同性格的人共事，借他人長才補自己之短。目標要達成，不能只靠少數明星光環，唯有將志同道合的一群人，依其志趣有效率的組織分工，團隊才能完美達陣。

兩百元的志氣，史上最強廣告團隊

二〇〇九年，富邦集團總裁蔡萬才及其姪子國泰金控董事長蔡宏圖，各捐贈新台幣二．六億元，建造台大「萬才館」及「霖澤館」。蔡家叔姪及富邦金控董事長蔡明忠，都出自台大法律系，金控世家「系出同門」，一時傳為佳話。其實，蔡家對台大法律系一向情深義重，在七〇年代的學運，即扮演不為人知且重要的「金主」角色。

在我的資料夾裡，擺著一張四十幾年前的廣告委託書，「委託人」一欄，我以幽默的筆跡註明「國泰救濟所」五個字。在龐大的國泰集團中，當然沒有「救濟所」這個單位，但對我而言，若沒有國泰集團的廣告救援，我們的學運早就彈盡糧絕、不支倒地。

「救濟所」是當時我對國泰集團情義相助的「金主暗號」。

「這就樣，學校每期給《台大法言》的兩百元補助，我們不要了。」一九七一年六月，洪三雄從訓導處回來丟下這一句話，正式拉開我們跟學校對抗的戰線。

一九七一年九月，我們在《台大法言》發刊嗆聲「對學校開刀，向社會進軍」「放棄學校每期兩百元的施捨」。

《台大法言》，從此成為洪三雄和我追求自由與民主的戰鬥基地，先則頁數從四版擴充到六版，後則由每學期發行一期、每個月一期到發行成雙周刊，發行量從一千份增至一萬份，發行對象從法學院擴展到台大六大學院。

如此一來，一學期出版八期的《台大法言》，經費高達三萬元，約為當時大學生銀行員半年的薪資。對沒有經濟能力的學生而言，簡直是天文數字。剛擔任「法代會」主席的我，憨憨地依《台大法言》社社長洪三雄的指令，兼任「廣告組長」的任務，完全不知道我已步入艱辛的廣告人生。

學運中的富二代

擺明骨氣不跟校方伸手，但要去那裡備糧草跟校方打戰？我們一邊上學、寫校刊，一邊放下身段、悲喜交加，四處拉廣告。

找「富二代」同學下手最快。同系小我一年的學弟蔡宏圖，就是我鎖定的目標。我爸爸當時在國泰人壽擔任副總，蔡宏圖的父親蔡萬霖與伯父蔡萬春正是國泰集團的創辦人。

仗著兩代交情，「請你回家去拉廣告」，我打蔡宏圖的主意，還特別情商他在「法代會」掛名「公關部副主任」。

為什麼只掛「副」主任？因為念書時很少看到蔡宏圖，他總是神龍見首不見尾。台大畢業時，父親蔡萬霖要他「考律師、司法官、出國唸書」三擇一。蔡宏圖說，他立刻選了「出國」去攻讀博士學位，因為這一項「不必考試」，最不辛苦。

當年，「國泰產物」「國泰人壽」「國泰信託」「國泰建設」等國泰集團公司（後來枝葉龐大，才分開成今日的「國泰霖園集團」及「富邦集團」），都曾是《台大法言》的「廣告主」。

「國泰救濟所」的另一大推手，就是我父親陳土根。

我是路痴，每次出門，都得拉弟妹隨行。有一回，我辛苦轉了三趟公車去拜訪一家英文雜誌社拉廣告，接連兩次都被婉拒。第二天吃早餐時，爸爸問我拉廣告的成績，我心中的委屈一下湧現，紅了眼眶，卻嘴硬的說：「不告訴你。」

之後，爸爸不聲不響地自個去國泰集團幫我拉廣告。但他不知道，女兒拿到的廣告費，是用來發行《台大法言》，在台大搞革命。

那時就讀台大法學院的企業公主與少主，都被我這個廣告組長盯上。包括商學系郭文豔，《台大法言》有她爸爸擔任總經理的台北區合會儲蓄公司所推出的厚生存款，林達寬家族的大同公司第一台吹風機，同班同學虞彪家的《法令月刊》，新光集團吳東昇家的大台北瓦斯公司。

我們的年代，留美補習班是很大的商機。台灣當時最大規模的美加補習班，已經早就被《大學新聞》社拉走。

為了區隔市場，洪三雄跑去找第二大的國泰補習班（非國泰集團），當作《台大法言》長期的頭版廣告贊助商，每期都會更換「最新黃金導師」陣容。這一點，跟現在補習班幾乎沒兩樣。

那時候，同學瘋「速讀」，我見機不可失，馬上去接洽「王氏速讀推廣中心」，對方原本心存觀望。我經打探後，發現商學系同學李宗黎在王氏上課，馬上邀他在

《台大法言》寫一篇「速讀心得」，以學習者身分強調速讀效果，因此成功獲得廣告。李宗黎現在是台灣知名的會計師，他可能已經忘了，當初硬是被我找來「置入行銷」的這一段趣事吧？

洪三雄形容我們拉廣告是，「有孔就入，無孔也要鑽」。學校附近燒臘店、冰果室、甚至幫我們印製《台大法言》的永茂印刷廠，只要我們經常消費的店家，我們付完帳單後，隨時都可能拿出「廣告委託單」，請老闆們回饋一下。

除了庶民版的小吃店廣告，《台大法言》也出現許多高檔消費廣告，例如西門町著名的畫廊咖啡「天琴廳」，以陽明山溫泉著名的中國大飯店。這些都拜富二代同學們之賜，只要我們打聽他們去哪裡消費，就會丟「廣告委託單」，請他們順便去爭取。

逮住大老闆：三招，手到擒來

「附上回郵明信片，上面有三個時段，麻煩您勾選適合我去拜訪的時間。」「不管您是精神支持，或是廣告贊助，請讓我們知道您對學生的關心……」

四十多年後的現在，看到自己龍飛鳳舞親筆寫給公司老闆的廣告請求書，都會發出會心一笑。年僅十九歲的大學生，若不是為了熱血辦校刊，籌錢發愁，怎麼會如此厚著臉皮、膽大包天，到處拉廣告？

連好心協助我們處理法學院公車改道的市議員紀榮治，我也大膽寫信給他，拜託他推薦企業人士，讓我可以去拜訪，拉廣告。

值得一提的是，不少《台大法言》的廣告主，後來都變成我律師職場上的業主。台灣第一家本土化妝品「盛香堂」的創辦人許鉗董事長，是我爸爸的老朋友。盛香堂出產的林森與賓士美髮霜、櫻桃香皂、雪芙蘭乳液，都名噪一時。

「董事長您好，我是陳土根的女兒……」，打出父親的名號，我把握機會毛遂自薦。事後，許鉗董事長不但給了《台大法言》廣告，這段客戶關係，還從校園延伸到我的律師職場。

被我戲稱為「國泰救濟所」的國泰集團，後來轉型成「霖園」與「富邦」兩大集團，我都有幸為他們提供深入而廣泛的法律服務。

至於新光集團，在我執業律師多年之後，有一次吳東亮與他弟弟吳東昇之間有些意見之爭而找我提供法律協助。

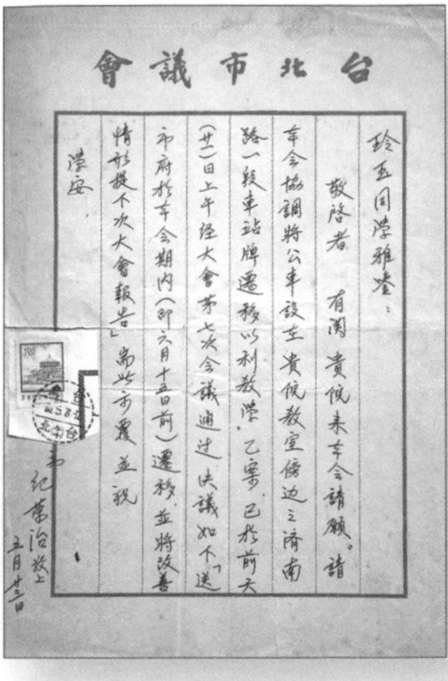
台北市議會

玲玉同學雅鑒：
敬啟者 有關 貴校來本會請願，請
本會協調將公車設在 貴校教室傍边之濟南
路一段車站牌遷移以利教學。乙案，已於前天
(廿一)日上午經大會第七次會議通过決議如下「送
市府於本會期內(即六月十五日前)遷移，並將改善
情形提下次大會報告」，嗣此布覆 並祝
學安
弟 紀榮治啟上 五月廿三日

紀榮治議員寫給陳玲玉的信

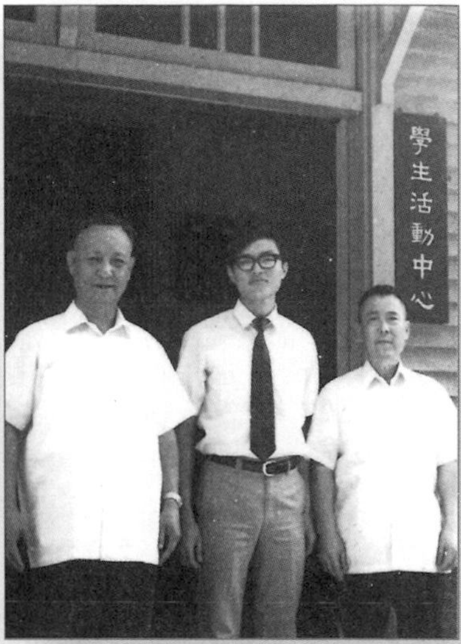

洪三雄與「學生活動中心」服務員

同學於彩色電視機前圍觀世界少棒賽

我立即向吳東亮告白：「在台大我就先認識你弟弟了。」然後我給吳東昇撥了電話，告訴他：「我會盡力讓你們兄弟把事情圓滿處理。」

對我而言，律師的功力不是拚出高下與勝負，而是把當事人的感受，放在輸贏之前。堅持「善念與圓滿」，才是解決紛爭的最高原則。

大學時代拉廣告的訓練，讓我提前嚐到人情世故與社會現實，並且敢大膽跟長輩與企業負責人打交道。這使我在執行律師業務時，更懂得商場的運作，與企業領導人的思維。

二〇〇三年，七個編校刊的北一女學生前來訪問我，如何成為一位「成功」的人？看著她們稚嫩緊張的臉龐，我告訴她們：「成功的目標不要訂得遙不可及。圓滿完成每一件事，不管大小，都是成功。」

一直以來，律師事務所業務再繁忙，只要有學生提出訪談要求，我幾乎都不忍拒絕。因為在台大時，常常得鼓起勇氣跟大人物打交道。如今面對新世代的需求者，自然燃起呵護之情。

我常以自身的經歷告訴年輕學子，要見到日理萬機的重要人物很難，但只要對方願意見你，務必要把握三項原則，就不會空手而返。

第一、「毛遂自薦不怕生」：勇氣與天真，是年輕人最大的本錢。即便想法與做法不夠成熟，通常都會被長者包容，所以不要害怕踏出第一步。

近幾年來，我在台大法律系當榮譽導師，受限於時間，每學期我只收四個導生。有一天，有一名學生來信，「陳律師，今年很遺憾沒有抽到籤，希望以後有機會見到您。」後來我辦理導生會，就主動邀那位來信的同學參加，因為我要讓他知道，「用心又勇敢的站出來，就會有機會。」

第二、「做足功課，讓對方無法說不」：要見大企業老闆前，一定要做足功課，瞭解對方的事業與背景，準備值得交談的話題，並設定拜訪他的目標，才不會做白工。

例如，對於民代出身的林挺生，就以「台大傑出校友」訪問叩關。拜訪重視情分的許鉗董事長，就表明「我是您好友的女兒」。想打開大人物的門，就要先找到一個讓他拒絕不了，或有必要幫忙的理由，不害羞地把請託之事清楚、誠懇地講出來。事先演練好了，就能從容自信地站在大人物面前，把事情搞定。

第三、「不怕拒絕、屢敗屢戰」：初出社會碰到挫折難免，但是要把挫折當作成長的養分，展現自己的不卑不亢，自然有機會贏得大人物的欣賞。

我執業律師的第二年，嘉新水泥因為船務糾紛，擔任副總的馬玉山（現任冠德建設集團董事長）找我打官司。第一審輸了，當時嘉新董事長張敏鈺質問馬副總：「為什麼找一個像高中生的女孩來打官司？」

我很幸運的遇到伯樂，馬玉山力保我打第二審，結果還是敗訴。

「我不能出道就留下敗訴的紀錄。」這次，我央求馬副總帶我去拜訪七十多歲的張敏鈺董事長。

二十六歲的我，抱著一推資料向七十多歲的老董事長據理力爭，滔滔不絕，還對他大膽預言：「我會打贏官司。」

後來，我真的打贏了第三審訴訟。不久之後，張董事長找我去，他以濃濃的上海鄉音讚賞我：「妳這女娃真不簡單，來來，我有件事情請妳幫忙，幫我規畫一下財產。」

要贏得大人物的信賴，除了靠專業與努力，更需要勇氣，尤其不要被挫折所困。這些我在台大兩年學運訓練出來的膽識，讓我在四十多年的律師執業生涯中，更能洞悉人性，圓滿處事。

第九回

朋友與事業

「我們這些很少得獎的人，對妳這樣老是第一名的永遠的模範生，暗暗懷有『憎惡』。

但是妳不被同儕『憎惡』，我想，有一個很重要的因素。考上台大研究所之後，妳把獎學金拿出來和所有同學共享，而且把共享變成制度，讓窮一點的同學，即使拿不到獎學金，也得到挹注。

二十二歲的妳，做了這件事，我稱之為『俠氣』。是妳的『俠氣』，玲玉，救了妳這本該令人討厭的模範生，被朋友們所愛。」

好友龍應台在我的《家門》書中，寫了這一段「模範生啟示錄」。每次讀，總有「會心處不必在遠」的感覺。

賺溜溜，開（花）溜溜，剩一群好朋友

父親常說，他這一生「賺溜溜，開（花）溜溜，剩一群好朋友（台語）」。他也說：「留遺產給兒女，不如留朋友給他們。」

父親的人脈，是靠著他對朋友真情相待，點滴存進來的。他四海之內皆兄弟，難怪職場上的男女老少，都尊稱他「阿土伯」。

一九七〇年代，父親身處台灣最具影響力的國泰企業集團，卻視錢財如浮雲。我認識的伯叔們，不少人在工作之餘，投資股票及不動產，家財萬貫。相較之下，父親的財富應該是集團董監事中，最漏氣的。

他最大的炫耀，就是小孩念書的成績。妹妹玲華大專聯考乙組榜首，照片登在報紙，爸爸興高采烈對我說：「在公司我都不敢和別人比財富，但我最喜歡提及孩子的學校成績。我是台大的家長！」

不只重視孩子的教育，父親更喜歡把朋友介紹給身為老大的我。客人到家中來，我經常在奉茶之後，坐在客廳聆聽爸爸和客人的對話。也因此，

聯合報

虎父無犬女

商界耆老 陳土根的人脈
阿扁律師 陳玲玉的資產

本報記者

高年億、蕭白雪、彭慧明、林韋任

台灣民眾通常是在這些地方看到她的名字的：雜誌的封面人物、代表陳水扁總統與媒體周旋、受國泰集團蔡家委託發聲明稿、台灣首宗BOT案台灣高鐵的法律顧問……，國際通商法律事務所資深合夥律師陳玲玉，是備受政商界倚重的名律師。但陳玲玉把所有光芒歸功於父親陳土根，她認為，是父親交給她的人脈與蔭澤，讓她的專業更為閃亮。

總統府顧問、八十歲的陳土根，是這樣一位老先生：台、日語說得比國語好，靠典雅的台語「四句聯」與幹練的管理經營手腕，在政商界廣結善緣。曾幫行政院長游錫堃競選省議員，也跟隨國泰蔡家共創國泰人壽，歷任國泰衆多事業的先驅與謀臣，國泰信託、國信食品、大西洋飲料等公司的創辦過程都有他努力的身影。因為父親，陳玲玉極早就認識台灣第一代企業家及政治人物，讓她在財經法律界有同輩難以企及的優勢。

陳土根談起女兒，滿臉驕傲，提起女兒當年曾是「珠算神童」，那年過年他用腳踏車載女兒四處拜年，多麼風光。陳玲玉感謝父親的開明，她在台大搞學運「造反」時，被學校處分，校方找上門，她還和父親力爭「政治自由是基本人權」。那時的同學陳水扁，是個埋首書本的好學生，「看不出他那麼有群衆魅力」。以下是他們的對談內容：

珠算神童 老爸帶她四處拜年

問：陳玲玉小時候是怎樣的小孩？一直都不用大人擔心嗎？

陳土根（以下簡稱「根」）：我工作較忙，家裡的事情、子女的教育，都交給內人處理，所以我常說「子不教，母之過」。四個孩子教育活動，則由孩子的大姊（即陳玲玉）……。

陳玲玉（以下簡稱「玉」）接過來答：我們家四個小孩，學校的事都歸我管，生活的事歸媽媽管，爸爸負責提供最好的環境。小時候家

陳土根說，「賺溜溜，花溜溜，剩下一堆好朋友」，朋友才是留給孩子最大的資產。

記者林吉福／攝影

陳玲玉說，爸爸陳土根在家裡的地位，位居母親、四個子女、四個女婿和媳婦、六個孫子女之下，排行第十六。

記者林吉福／攝影

2004 年 10 月 12 日《聯合報》
「陳土根的人脈、陳玲玉的資產」報導

我在中學時期就認識不少中部的政商名流。

台中女中畢業後，我考上台大，父親就決定從任職十多年的台中區合會（後改制為台中區中小企銀，也就是今天的台中商銀）轉業到台北的國泰集團。

父親代表國泰人壽及國泰信託去和經濟部或財政部打交道時，他經常先用台語寫好內容，再由我潤飾成通順的北京話。他總是很認真的用日文在講稿上拼出中文發音。

我唸大學時，父親和商界友人聚會，不是帶著我媽，而是帶我出席。也因此，我大學時期就認識國泰集團的創辦人蔡萬春、蔡萬霖、蔡萬才、養樂多集團陳重光，和泰集團蘇燕輝、味全集團黃烈火、新光集團吳火獅、彰化銀行的創辦人張聘三。因為跟隨父親，我都先認識父執輩，之後才認識他們的第二代。二〇〇四年十月十二日《聯合報》就以「陳土根的人脈，陳玲玉的資產」為題，報導了家父傳遞給我的「兩代交情」。

有一次，某家資本額二億元的公司大股東們，私下要進行彼此間的股權交換，以均攤承買股票的成本。那時候，股票面額不一，有的一張一萬元，有的五千元，也有一張十萬元。當時我才大二，連股票的長相都還沒看過，父親就叫我操刀為伯伯們的股票辦理複雜的股票交易。

我小心翼翼安排好幾組的買方與賣方，並確認每人賣出的股份及買回來的股份，總面額完全相同。核算完畢之後，我有點得意的向爸爸報告，大家的股票可以進行交換了。

始料未及的是，實際執行下去，其中有兩人的股票必須辦理分割。父親非常不高興，因為這樣就必須向發行公司的股務單位申請股票的分割處理，這正是他想要避免的程序。

當時，台鳳集團副董事長黃葉冬梅女士見狀，趕緊出來打圓場：「伊只是個囝仔，可以做到這種程度，已經足厲害了！」

把朋友請託的事情，分毫不差，盡心辦妥，是父親的處事哲學。我不僅是從中學習的受益者，更是在律師生涯中的踐行者。

二〇〇三年八月八日父親節前夕，經濟日報以半個版面刊登「陳玲玉躍身名律師，慈父居功厥偉」，其內並提及「陳玲玉是學運開山祖」，肇因於「開明陳土根」。正是我心路歷程的寫照。

緹縈救父

父親讓我提早認識商場和他的朋友，意外也讓我救他一次。

在一九八四年十信案發生之前不久，父親因身體違和而卸下國泰信託旗下的國信食品公司董事長的職務。

當時票據法仍有刑責的規定，公司支票跳票，董事長要坐牢。十信案發生，不斷延燒到國泰集團公司時，我突然想到，繼任的董事長是否已將國信食品公司的支票章變更了負責人？

一經追查發現，新任董事長向經濟部辦妥自己的董事長身分登記，卻未向銀行辦理董事長變更，以致公司開出去的支票，繼續蓋用我父親原本就交由公司財務主管保管的私章。這可是涉及牢獄之災的大事。

我馬上去電國泰集團掌門人蔡辰男，請他讓我到公司和新任董事長對帳，並且在公司連續坐鎮七天，確認支票上的董事長私章去掉了爸爸的名字、公司所簽發出去而以父親私章蓋用的支票都會兌現，父親已不會受到支票退票的刑事牽累，我才鬆手。

正因為父親從小帶我在身旁，培養出我查察商場風暴的敏銳，又使我認識國泰集團的長輩而無所羞畏，我才能在十信爆發的混亂時期，展開「緹縈救父」的危機處理。

親身經歷此一事件，也讓我理解，大企業負責人因公司組織的分層負責，以致對於一般人都親自處理之事，常因假手他人而不知內情。就像我父親不知道繼任者還用他的私章開支票，而蔡辰男身為國泰集團最高負責人，並不知道他旗下的公司董事長未更換我父親私章。

後來，我執業律師時經常發現，法官或檢察官怒責公司負責人：「身為董事長，怎麼不知公司業務？」我總是心有所感，努力以己身在企業集團翻轉的經歷，為企業界的朋友全力辯護。

婉拒餽贈

父親一向對朋友有情有義，朋友有難，他必然拔刀相助。

有一次，某企業老闆因為感念父親協助他賣掉一大筆不動產，讓他的企業得以紓困重生，派人送來一張兩百萬元的支票致謝。父親第二天就退回那張支票。

「這是我私人的支票，不是公司的，請務必收下。」爸爸的朋友這次親自上門表達謝意，再次送支票來。父親當面不好推辭，就收了支票。但我知道，爸爸從此把那張支票鎖在保險櫃中，不曾兌現。

父親幫助朋友卻不求回報的潔癖，也影響到洪三雄。

他任職國票金控期間，因協助商界朋友解決財務困難，對方送來一尊朱銘雕塑致意，洪三雄當面把禮品退了回去。

沒多久，換了另一尊更大座的朱銘雕塑，送來家裡。他對我說，只能收朋友的盛情，不能留非份的錢財。七天後，洪三雄將雕塑親自送回，並向朋友致意：「謝謝你，這藝術品我已欣賞過了。」

父親和洪三雄都是財散四方的義氣男子。這使我更懂得，朋友必須真情相對，存錢不如存人脈。朋友之多、之廣，的確是我倆闖蕩社會的最佳支柱。其中台中紀乃榮與我倆的交情，已逾半世紀，還及於第二代。

私款公用VS.公款私用

一九七四年，我以第一名考上台大法律研究所碩士班，教育部設置獎學金獎勵前三名的研究生。第一名每個月獎金高達六千元（在銀行上班的大學生月薪也才不過六千元）。

開學後，同學林崑城半開玩笑又認真地說：「妳家住台北，家境又好，錦上添花考上第一名。我來自台南，食宿靠自己，萬一找不到家教，妳忍心見我三餐不繼嗎？」

大學畢業後，我主動停止向爸媽拿零用錢，獎學金對我是一筆必要的收入。但是，同學間的友愛、互助，也是我心所繫。因此，我立刻同意拿出獎學金和全班分享，不過附帶的條件是：「未來三年，不論誰領到獎學金，都比照辦理。」

「本人同意於在學三年期間，將校內申請之一切獎學金，不問自己或他人兼差與否，由同意此辦法之全體同學均分之，絕無異議。」

這是我生平所擬訂的第一份法律文件，由十一位研究所同學共同簽署的「同意書」。也因為這份特殊的「口袋相通」約定，讓我們來自不同城市、不同背景的同學，特別融洽，情同兄妹。

除了「私款公用」的同意書，我的儲藏室的文件夾內，還有一套重要文件，那是我大三下學期和洪三雄分別卸任「台大法代會」主席及《台大法言》社長時的財務點交帳冊。

「牽手不老會」（左起）溫文煦伉儷、張正宗伉儷、蔡貽鈞伉儷、洪三雄、陳玲玉、紀乃榮伉儷、黃振元伉儷於北投加賀屋

（後排左起）洪三雄、任祥、陳玲玉、陳怡蓁、張明正、洪紹凡、陳尹鈞
（前排左起）姚仁喜、蔣勳、高希均伉儷於「雙清館」

「我曾設法查洪三雄的帳，卻發現他在《台大法言》任內帳目，乾乾淨淨，很難捉到把柄。」張德溥訓導長在他的回憶錄上如此記載。

原來情治機關一直在背後對學運份子虎視眈眈。二十多年後，才從張德溥口中得知，我們曾經被私下檢查社團的款項流向。

當時學校某些社團刊物，拉廣告的人都有不成文的抽佣慣例。甚至傳言《大學新聞》的某社長，退伍後還回來向繼任社長催討廣告退佣，引起學弟妹的議論。我們《台大法言》社則嚴禁此一歪風。

一九七二年，洪三雄和我交棒《台大法言》時，我們把自己拉廣告來的剩餘款七三六四元，捐給歷史系同學楊超塵，他當時罹患重病，需要龐大的醫療費用，台大正為他發動募款。我們雖素昧平生，但毫不猶豫，把那筆結餘款，捐給最需要的同學。

捐款的事，早已忘記。直到撰寫此書而收集相關資料，巧遇前《中國時報》社長現任監委的王美玉，並收到她傳給我的簡訊。

「楊超塵是我先生楊超寰的哥哥。可惜天忌英才！世界太小了，我代表超塵大哥向你們致謝！很高興當年你們衝破體制的勇敢作爲時，有超塵大哥和你們一線牽！超寰小超塵七歲，我又小超寰五歲，但是感覺是和你們同時擁有那美好的時代。」

學運領導人的確得靠道德把關、自律甚嚴。因為稍有差錯，落人口實，將導致學運變質，枉費大家的努力。

錢，可以助人，也可傷人。「私款公用」，能廣結善緣；「公款私用」，會名節不保。

夾著雞毛的銅板

有一次收到董事車馬費，打開信封一看，鈔票零亂交雜、折角反覆。找來出納人員，我耐心告訴她，成疊的鈔票，要同面、順向、平整，缺角要攤平、按鈔票面額大小，一絲不苟，排列整齊，裝入信封，才能交到受款人手中。

這是我對鈔票近乎龜毛的謹慎。

這種訓練，來自我四十年前在銀行「出納」櫃檯的親身經驗。

一九七四年，華銀到台大法律系挑幾名男生去上班，我是其中之一。沒想到內部的「人二」單位以我的「思想有問題」阻擾錄用。還好華銀的經理連福亭、總經理高湯盤都是岳父的好友，經岳父一再解釋和保證，才勉為其難讓我去上班。

在沒有點鈔機的年代，銀行員用手數完五十張或一百張紙鈔，要用紙札綑起來，蓋上自己的印章以示負責。客戶來領錢時，少一張要自己賠；存錢多一張，要放進紅色小盤子，交給坐在後排的主管。

現在我的辦公室在台北市南京東路五段，往西望去，銀行、證券公司密度很高，是台灣金融界廝殺的地區。位於吉林路與松江路之間的南京東路上，第一飯店旁的華銀「城東分行」，隱約聽到有人在喊。

「等一下……」

每天三點半，城東分行的鐵門拉下後，一群人，陸續從旁門氣喘吁吁擠進銀行。有的穿著圍裙、趿著雨鞋、戴著斗笠，甚至背著麻布袋來，張開龜裂的掌紋，粗壯的手關節，使勁地將整袋零錢傾瀉出來，嘩啦啦倒滿櫃檯。他們是銀行附近菜市仔的攤販。

退伍之後，我的第一份工作，在華銀城東分行當櫃檯出納。為了方便這些菜市仔客戶的作息時間，銀行派我們這些新進員工，協助大量湧進的存款點收業務。

我是真正摸過錢、坐過櫃檯的金融經營者。雖然現在不用再坐櫃檯數鈔票，但有時候買東西，拿到那種皺皺的鈔票，我還是習慣性攤平、摺疊好，留在皮夾中，一心珍惜。

那些三點半之後才出現的鈔票，夾雜著豬肉、魚腥、雞鴨味，有的沾著香菜梗和各式零鈔捲成一團，有些銅板之間還夾著雞毛。我小心翼翼，把每張鈔票攤開、整平、按著面額大小逐一歸類，認真專注數著，因為這裡的每一塊錢，都是這些賺吃人辛苦的汗水，不得絲毫有誤。

數鈔票的工作，讓我學會打心底對錢的「尊重」。

台大法律生學珠算

「少年ㄟ，腳手卡緊ㄟ，你唸到台大畢業，來這邊算錢，敢未打損（浪費）？」有時候菜市仔的大嬸，見我笨拙的點鈔模樣，會閒聊一兩句，舒緩緊張。我從成堆的銅板山夾縫中看著她，只能滿頭大汗的傻笑。

的確，旁邊女同事，一手撥算盤，一手翻傳票，眼明手快、分外俐落。我這個讀六法全書的台大法律生，身處第一線櫃檯，就顯得手忙腳亂。

「咻……」女同事把一疊疊鈔票快速攤成扇形，「二、三、二、三……」熟練數著，我有樣學樣，每天偷偷在午休時，把一疊傳票當扇子鈔票練習。心想，既然數鈔票是工作，就要數得比別人快，比別人正確，綑得比別人扎實。

更慘的是，當時的銀行員都是撥打算盤記帳，銀行強制規定行員都要取得珠算檢定三級以上及格，但我沒有學過珠算。還好「珠算神童」陳玲玉具有三級以上的功力，晚上回到家就請她幫我惡補。

台大期間，我們倆常常在同一盞燈下，慷慨激昂地寫《台大法言》。結婚後，還是同樣在一盞昏暗的檯燈下，埋首伏案，她寫法院書狀，我練習算盤。

每天上午九點到下午五、六點，數鈔、算銅板、打算盤，每天至少八小時，做著重複的事情，我當了半年的櫃檯出納員。

頂撞

巨大的橢圓桌面，擺滿了資料，這是華南銀行高層會議，倚著椅背的長官都皺著眉頭聽取報告。主管說：「這次代誌大條了，稍有不慎，會賠到脫褲。」

在外匯管制的七〇年代，台灣的銀行和外國往來並不頻繁也不廣泛。高速公路正開始興建第一階段從台北到泰山，由韓國「極東建設」承攬，華銀是履約擔保銀行。結果，因石油危機，原物料價格飛漲，韓國公司要求調整造價不成，不願繼續興建，導致廢標，政府乃要求華銀履行連帶保證責任。主管的科長主張：「不應該由華銀負責，政府應該先向韓方求償、打官司……」

當時，我只是城東分行放款課小職員，擠在總行會議室門旁角落的位置，越聽越覺得不妥。

我從會議桌的角落起身，提出和科長不同的看法。我主張，根據之前華銀出具的保證函內容，只要政府一向華銀提出要求，華銀即應履行保證責任。之後華銀即可依據國外銀行為擔保「極東建設」而開給華銀的Stand-by L/C，向該外國銀行求償。

整個會議室安靜了下來，專心聽我這菜鳥職員的解說，現場氣氛開始凍結。

「喂，你頂撞到科長了啦！」旁邊的同事試圖拉我的衣角，低聲要我小心發言。總行的「科長」相當於分行的副理。那時代，小職員在銀行見到副理、經理，都要立正站好的。

「頂撞？」好熟悉的形容詞。

或許是大學時代講真話、不怕權威的學運經歷，我雖注重職場輩份，但更在乎對錯、直言不諱。在保守的公家行庫生態，我的言行被視為「頂撞」，同事都為我捏把冷汗。

我在華銀櫃檯數了半年鈔票後，沒輪調到各部門實習，破例被直接調到城東分行二樓放款部歷練。沒想到，我竟因大膽建言，後來沒多久又被拔擢到總行掌管授信業務的「審查部」。

當時審查部經理是羅際棠（後來當上彰銀、台銀董事長）。他明知我是「人二」單位列管的異議分子，但他確有用人之膽，放手讓我主辦當年力倡的「銀行業務現代化」的工作，破格讓我這個菜鳥行員編撰華南銀行第一本《授信業務手冊》，並推薦我擔任行內授信業務的講師。接著，我又奉派幫台灣省財政廳完成《省屬行庫授信業務手冊》。

意外的第一桶金

一九八四年，我轉入了另外一個金融事業。

在岳父的引薦下，我幫蔡辰洋一起投入「台南區中小企業銀行（現改為京城銀行）」的股權收購案。這是台灣金融史上極為早期的經營權之爭。

當時，台灣各地區的「合會儲蓄公司」，在政府「銀行業務現代化」的政策下，轉型進入正規金融體系，強制改制為「中小企業銀行」，並公開上市。「台南區合會儲蓄公司」也加入申請改制為中小企銀的行列。

岳父當初協助國泰蔡萬春先生設立國泰信託，我因而熟識他的兒子蔡辰男、辰洋、辰威兄弟。蔡辰洋為了建立自己的金融版圖，找我協助他爭取「台南區中小企銀」的股權與經營權。

憑著學運合縱連橫的經驗，我很快暗地裡動用人脈與策略聯盟辦理抽籤及私購，取得三成股權，並由我擔任常務董事，進入董事會參與經營。可是，人算不如天算，正當要大展宏圖之際，一九八五年卻爆發了「十信風暴」。

受到十信案的波及，好不容易取得三成的台南中小企銀股份，蔡辰洋也只能割愛求售。我受託四處尋洽買主，原本答應吃下全部股權的某上市公司老板臨時變卦。情急之下，我只好找親友籌資，勉強買下尚無法處置的剩餘股權。原本只是為了幫好友解危而購入的股份，卻成為我人生中意外的第一桶金。

以原價每股十八元買下台南區中小企業銀行股票的那一年，是一九八五年，台灣的股市指數只有六百多點。一九八九年，指數漲到了九千多點。我從每股七十五元開始陸續賣出股票，獲利了結，並遠離股市。當時我四十歲。

一九八九年，正好陳玲玉應邀到美國舊金山的Baker & McKenzie執行律師業務。我乃毅然決定停頓自己的事業，陪伴女兒到美國念書，移居舊金山灣區，也把台灣投資股市的資金，轉移到當時尚未開發的信義計畫區，購買房產。

一九九〇年元月，股市來到一萬二千多點的新高，台南中小企銀的股票漲到每股一百二十幾元，許多人為我扼腕，直說：「你賣得太快了。」

十個月後，一九九〇年秋天，一萬兩千點的指數摔跌到只剩兩千多點。很多人又驚呼：「你怎麼那麼厲害？事先會跑？沒有被套牢？」

「我厲害嗎？」

我當然不是神機妙算、不是投資高手，也不懂得掌握股市的上沖下洗。但我在周遭一次又一次的金錢遊戲中，看得很清楚，人性的貪婪與慾望，不斷翻轉、餵養，結果都是巨大的心魔吞噬了自己。我深以為戒，也養成了穩扎穩打、不敢貪多的習性。

報酬率最高的投資

我出身貧窮人家，因緣際會，碰上了財富機運，但更知道「惜福」「撙節」（守本分）的重要。尤其在金融界，我看過太多富貴如雲、晚節不保、親友反目的下場。

記得我剛進入國票金控擔任董事長時，國泰蔡家的大哥蔡辰男對我講：「三雄，你要搞金融，肩膀要硬一點，不要像我這樣人人好，要像我阿叔們（蔡萬霖、蔡萬才），公私分明才可以喔。」

這一席話，永銘我心。十信案發生時，面對外界的壓力，蔡萬霖有句名言：「人

洪三雄與蔡辰洋兩家共遊印度，後排左起蔡佳棻、洪紹凡、蔡辰洋姪女

（前排）周杰倫（左 2）、張克帆（左 5）
（後排）陳玲玉、洪三雄、邱欣俊（最右）於「雙清館」

聚財散，人散財聚。」從事金融業的人，心中要把持好那把「公私分明、一絲不苟」的秤，才不會亂了分際，壞了事業。

「十信」案之後，蔡辰洋創立「寒舍」公司經營古董生意，需要可以信賴的人當公司負責人，就請我掛名董事長，好友相託，義不容辭。豈知，這一來竟觸動了我自幼對藝術文物的喜好和天分。原本門外漢的我因此而踏入骨董收藏之路，更因而和故宮博物院前院長秦孝儀締結了忘年之交，我收藏古藏的「雙清館」，也成為好友聚會之所。

人生的每個轉折，都是意外；自己看不到的曲折之處，暗藏著老天爺給的指示。如果不是為了幫助朋友，我不會承買台南企銀的股票，意外搭上股票起漲的列車，聚集了人生的第一份財富；也不會累積文物收藏的經驗，在收藏界稍有立足之地。正因為看到了金融風暴案件的人性慘痛過程，讓我獲得「發達容易，守分更難」的警惕，在幾波錢潮沖刷中，冷靜的守住根本。

沒有人可以神準預知未來，唯一可做到的是，拿捏「善念」這把心秤掌握現在。「善念，是最高的投報率。」商場打滾多年，這是我看到最真實的財務報表。

併購前一個自己

台大碩士班第一年，我通過律師考試，披上黑白兩色的法袍，兢兢業業地開始人生第一份有薪水的工作。

一九七〇年代，律師高考每年大約只有十個名額。由於資格取得困難，律師們總喜歡在金榜題名之後，自己掛名執業，事務所的名稱就以律師自己的姓名命名。

但我認為，律師就像醫生一樣，實習與臨床的基礎很重要，不必考慮賺錢問題，因此決定不自己開業，受僱於「第一聯合律師事務所」。

第一聯合律師事務所，是台灣本地律師所組成的第一家合夥事務所，創辦人是長我二十歲的兩位知名律師，曾宗廷及蔡詩郎。當時年輕律師願意受僱的不多，曾、蔡兩位老板容許我以半工半讀的方式上班。前半年只領到每月五千元的薪水，三年之後，獲得兩位道長的賞識與鼓勵，讓僅二十七歲的我與他倆並列為事務所的合夥人。

在一九八〇年代，國際貿易帶來經濟繁榮的台灣，讓我有機會接觸各種不同的貿易爭議實例。台大兩年學運的超齡體驗，以及從小跟著爸爸在商界伯叔間周旋，使我

陳玲玉與薇薇夫人主持中華電視台電視節目

陳玲玉、洪三雄在 B&M

比同輩律師更有能力承辦各種複雜的商務案件。

我總是期勉自己，有幸遺傳到爸爸的口齒清晰、條理分明，就應致力於以白話文推廣法律常識，讓大家聽得懂，看得懂。

因此，我不只上法庭、上談判桌，還忙中抽空在《經濟日報》撰寫〈貿易事故〉專欄，也在中華電視與薇薇夫人共同主持〈生活與法律〉及〈愛的情理法〉單元，為天下雜誌撰寫〈企業與法律〉，更常常參與座談會、演講。

一九八六年，我執行律師業務第十年。總部設在美國芝加哥的全球最大法律事務所Baker & McKenzie（簡稱B&M）找上我，邀請我直接以「合夥人」的身分（即lateral partner）加入B&M。這種殊榮，是B&M在亞洲的第一位、全球的第十一位。

為了替自己打開看得到國際的窗，更因B&M承諾在我加入一年之後，派我到舊金山事務所受訓一年，讓我成為有能力經營國際性事務所的主持律師。因此，雖然曾、蔡兩位律師對我極為器重，我仍決定離開已擔任合夥人的「第一聯合」，加入B&M的台北辦公室「國際通商法律事務所」。

加入B&M之後，我很快地意識到，要讓當時只有約四十人、擅長服務外商的「國際通商」快速成長，最好的方法就是合併我之前任職的「第一聯合」。

一九八七年，我的老東家「第一聯合」，順利併入我的新東家「國際通商」。

當年我三十六歲，要去說服年紀比我大兩輪的曾、蔡二位道長，請他們放棄苦心創立二十多年的老招牌，的確需要膽識、智力與耐心。

有趣的是，我離開「第一聯合」加入B＆M時，律師界如此八卦：「陳玲玉和曾、蔡兩位律師分紅不均，憤而離開。」當「第一聯合」被B＆M合併時，業界又戲稱：「原來陳玲玉是『第一聯合』派到B＆M臥底的。」

當時，台灣還不流行「併購」這個名詞。一九八六年，外界係以「從本國的第一聯合『跳槽』到外商的B＆M」來看我的去職。一年後，我反倒將「第一聯合」併入「國際通商」。這是我律師執業生涯的第一個「合併案」，實際上是「今天的我，合併昨天的自己。」因此，我常說：這輩子我只有一個職業，就是「律師」；只有一份工作，就是「國際通商」。

這個合併案，使「國際通商」廣納台灣執照與美國執照的律師，更有能力因應後來全球化的資本市場變遷，掌握先機，大展身手，為日後承接的國內外重大商務案件，建立起灘頭堡。

數年之後，我代表台灣高鐵公司和歐鐵聯盟在紐約進行國際仲裁，代理富邦金控和美商花旗集團完成八億美元的投資案，以及近年來代表國泰金控、中信金控進行跨國投資，代表台積電因韓國三星的挖角事件而進行保護營業秘密的訴訟，都是在擁有台、美執照律師的團隊合作下，才能屢獲佳績，而這也正是當年「國際通商」合併「第一聯合」的具體成效。

回想起來，台大學運那兩年，雖然讓我傷痕累累，但也促使我提早看到人性的各種面向：恐懼與勇氣，貪婪與捨得、背叛與相挺、爭論與容忍。這些社會上每天都在重覆上演的情節，我幸運地藉由學運提早「社會化」而洞燭機先，提升了我律師生涯的寬度與高度。

二〇一四年三一八太陽花學運發生時，有企業家說，他不會錄用反叛個性的學運份子。但是，我自己深刻體認，如果沒有七〇年代台大學運那段時間的磨練與壓力，我不會變成今日這個篤實、強韌又抗壓的律師。

律師費，一盒化妝品，兩塊牛排

三十多年前，我幫國際品牌Lancome（蘭蔻）化妝品在台灣捉仿冒。有一天，台南一家化妝品製造商的老闆，滿臉憂容的出現在我面前，因為他大量製造冒用Lancome商標的化妝品，並且外銷歐美，被我人贓俱獲，正面臨法院的判刑坐牢。

我看著那些模仿得精美逼真的化妝品，不禁建議他：「你的技術很不錯啊，你應該有能力自創品牌，不要再冒險做仿冒生意了！」

我說服那位台南商人賠償新台幣一百萬元，然後替他寫信向遠在法國的Lancome求情：「一百萬元不是小金額，足以彌補Lancome的損失。之後該公司如果再犯，應支付懲罰性違約金五百萬元，足可防患未然。在此情況下，台灣商人的坐牢，對Lancome並無實益。何不給他一個重生的機會？」

獲得Lancome的認可之後，我立即結案，還具狀向法院表示：「被告已認錯賠償，Lancome不再追究。」那名商人終於免了牢獄之災。

不少人以為，能幹的律師應把對手逼到死角。但我認為，即使是訴訟的對造，也可以溝通。訴訟律師千萬不要打官司打到「路上有一半的人是你的敵人」。

談判桌上，尤其切忌「橫柴入灶」。只要是對方想要而我可以給的，我都會盡量給。若對方想要而我不能給的，也一定給他充分理由，讓他不致怨懟。

這名台南商人在結案之後，連續好幾年，都在過年時寄給我一盒他自創品牌製造的化妝品。我都滿心歡喜地接下這份另類的「律師費」。

另外一件「對造變客戶」的案例，就是被媒體稱為「台灣史上金額最高的四十億元假扣押案」。

「和解後，陳玲玉的律師費要怎麼算？」開口問的是國巨董事長陳泰銘。

精確地說，我不是國巨的律師，而是國巨的對造華新麗華集團聘來跟他打官司的律師。

二〇〇三年，國巨控告華新科挖角侵權，國內兩大被動元件上市公司，各自拿出十億與三十億的現金，作為法院擔保金，進行假扣押及免除假扣押。

訴訟進行九個月之後，我想，官司纏訟下去，至少還要三、五年，涉訟的兩家公司都是上市公司，放著四十億資金閒置在法院，光是利息損失，就讓兩家的財報失血，喪失的機會成本更難以估計。這是我極力促成訴訟雙方和解的原因，即使深信華新科技理應可以獲得勝訴。

律師要成就的，不只是訴訟上的勝負，更重要的是，敞開心胸為客戶徹底解決難題與困境。如何在不友善的環境中，找出對雙方都有利且都能接受的解決方案？如何打開癥結，讓事件早日圓滿落幕？這也是我在學運中學到的竅門。

促成和解之後，陳泰銘透過和我共同促成和解的朋友詢問我：「妳的律師費，怎麼算？」

我回答：「我是華新的律師，怎麼可以收國巨的律師費？收了國巨的錢，這個和解就欠缺了正當性。」

陳泰銘聽完後，還不放心，中間的朋友又來問了我一次。最後，陳泰銘邀請洪三雄和我去他的別墅，親自下廚煎了兩客牛排。所以，那一場台灣史上最高金額假扣押的和解案，我的「律師費」是兩塊牛排。國巨後來也成為我的客戶。

至於華新科，對於承辦案件的我而言，「和解」就是品質最佳的工作成就。華新集團創辦人焦廷標很高興，叫他兩個兒子佑倫、佑衡夫妻陪洪三雄和我去日本玩了一趟，兩家變成知心好友。

和解之後，雙方當事人皆大歡喜。那律師賺什麼？

人生苦短，我寶貴的時間，不必用在「最賺錢」，而是要用在「最有意義」。事實證明，當我努力追求律師人生的價值與品質之際，外界給予我的回饋，從來沒有少過，根本不待爭取。

和洪三雄一樣，我也認為，「善念」往往會出現意想不到的投資報酬率。

凡事以客戶利益為先，把法律算計放在後面，最後出現的投資報酬率，三方都會很滿意。

第十回 永不中斷的追尋

踏出台大校門之後，「台南中小企業銀行股權收購案」和「國際通商法律事務所合併案」，兩件商場大事，改變了我們人生的方向。

兩個憤青，在金融與法律的道路上，找到奮鬥的缺口，縱身投入。

我們是苦難時代的倖存者，

雖然政治改革的初衷依然，但我倆自知，舞台已不在那裡。

儘管時光飛逝，但青春與夢想還在。

我們常捫心自問：「今後，還能為台灣做些什麼？」

喜鵲？烏鴉？

「洪三雄是學生領袖之一，思想非常尖銳，文筆也很犀利，反應靈活，處事有章法，是不可多得的人才，在學校常常和我爭執，被視爲反動分子。但我打從心底賞識他，認爲他將來應是一個治國的人才。事隔近三十年，他成了台灣著名的骨董收藏家，又是成功的企業家，並沒有什麼反動的行爲，只可惜沒有在政壇上爲國家做點事情。」

台大前訓導長張德溥在回憶錄上說出了他的感觸，這也是一九七〇年代的許多學運朋友隱藏在心中的問題：「你們，為何沒有從政？」

當初身為台大的學運分子，但在後來台灣民主推展的關鍵時刻，我們幾乎都選擇缺席。美麗島事件發生後，張俊宏、陳菊、陳忠信等舊識，陸續被捕，台大法律系出身的陳水扁、蘇貞昌、謝長廷、江鵬堅等美麗島律師辯護團相繼投入選戰，我跟陳玲玉的內心，充滿激動與掙扎。

多年來，有不少人上門來遊說我們投入選戰。

「就算要投入選舉，也應該是我，不是你。」陳玲玉跟我討論時，曾經提出這樣的結論。事實上，她說的一點也沒錯。

我一向偏好轉動腦筋、揮灑筆鋒、運作組織與行動，不喜多言。政治人物需具備群眾語言、親和力與煽動力，她才是天生的演講者。美麗島事件後，一九八三年政界傳出黨外要推「法界雌雄」搭擋，講的就是陳玲玉與江鵬堅律師這對組合。

我們最後並未踏進政壇。

學運那一段經歷，讓我跟陳玲玉提早「社會化」。我們比一般人更早看到政治真實面的殘酷、可恥與可悲。我們雖然醉心政治與社會改革，但深知自己缺乏政治人物那種「會死會活」「假死假活」的特質，更欠缺服從政黨而不能自主的性格。

陳玲玉說：「妥協本身，就不是一個愉快的事情。為了政治目的而去妥協，就得忍受不愉快。妥協的過程，往往就會扭曲自己的自由心靈。若有選擇，我不會去。」

然而，我跟她一輩子都是殷海光自由主義的信徒。

「若不想當隻呢喃的喜鵲，就註定要當隻討厭的烏鴉。」幾度掙扎後，我們決定不從政，約定從此，只在政治上當冷靜的旁觀者、理智的支持者。

當一個「永遠的黨外」，某些方面來講，也是一種逃避。老友們每每提及此事，我也只能自嘲是「政治的逃兵」。

遠離政壇，我們慶幸各自在職場上，找到可以發揮與改變的施力點，在法律、金融圈子裡發展。有時候，遠遠看著政局的爾虞我詐、天翻地覆，也不免樂於閒雲野鶴的自在。

一九八九年後，我在美國陪伴女兒唸書六年，一方面完成二十五萬字的《烽火杜鵑城——七〇年代台大學生運動》一書，另一方面更開啟了我研究、認識、收藏文物的道路；接著又長年在國外協助兄長發展國際業務六年。這段期間陳玲玉則忙著律師業務的創建與擴展。

台灣解嚴、民進黨創黨、野百合學運、國會全面改選、第一次總統民選、第一次政黨輪替……一九七一年保釣牽動的台大學運之後，二十幾年間台灣民主化風起雲湧的每一個階段，我們幾乎都置身事外。

但，那一股青春熱情燃燒不完全的窒息感，說也奇怪，竟一直在我們的生活之間，徘徊不去。

醒不過來的反抗青春夢。

在年近黃昏之際，焦慮伴隨省思，越來越重。

我們時常放空自省：「未來，我們能繼續為台灣做點什麼？」

兩個父親

我倆熱心政治，卻都沒有從政，和我們的原生家庭，有著密切的關聯。

家父五十歲才生我，出生於清朝光緒二十八年的他，經歷的事情，我幾乎毫不知悉。舉家從彰化海邊的芳苑遷居到北斗，我才出生。故鄉芳苑古稱「沙山」，土壤貧瘠，失學者眾。

父親飽讀漢學，是村落所敬重的私塾老師，也是意見領袖。兄長們回憶，父親早期曾參加過賴和醫師發起的「台灣文化協會」等團體，也曾在威權統治下，不自量力辦過幾份小報。大學畢業後，我出版的《知識人的出路》一書，付印的「新生出版社」，就是父親早年創辦的。

小時候，每次選舉一到，家裡熙來攘往，好不熱鬧。八仙桌上總是備著花生、滷味等酒菜，有時候父親會喚我，拿著空酒瓶去附近雜貨店「搭酒」（散裝酒），鄉里間高談闊論，父親亢奮激動，是平常少見。

不多久，家門口總是會出現吉普車，載走父親。直到選舉過後，他才鐵著一張臉回到家，悶悶不樂好一陣子。後來我才知道，父親多次擔任「黨外人士」無黨無派的彰化縣長候選人石錫勳的總幹事。往往競選活動一開始，他就會被帶走軟禁幾天，那位「黨外人士」就變成沒有總幹事的候選人。

我在台大搞學運期間，父親渾然不知傾全家之力供養的大學生，竟然在校園內跟他一樣做反政府的危險事情。畢業後，訓導處把「記過通知書」寄到彰化老家，他看完後，破口大罵：「叫這些人去吃屎。」我第一次感受到父親內心的憤怒與悲愴，和屬於台灣人那種無以宣洩的世代壓抑。也因為那一句粗口，確定我的叛逆基因，是與生俱來。

影響我的另外一個父親，就是我的岳父陳土根。我跟在岳父身旁的時間，比我自己的父親更久。

「你要娶我的女兒，只有一個條件，不能從政。」當時他對女婿唯一的條件，也是身為父親對女兒無可退讓的守護。

陳玲玉因為搞學運之後罹患嚴重肝病，望著她大病初癒的纖弱，我有患難與共的不捨，對岳父的要求，完全沒經過內心的掙扎，一下子就點頭應允。

我們的父親，皆歷經過二戰摧毀、國民政府撤退來台、二二八大屠殺與其後威權統治的驚嚇與壓迫。那個世代所承受的鬱悶與壓抑，孕育了反抗的臍帶，纏繞到我們這個世代無法掙脫。

腳踏車後座的神童

「妳麥擱講啦！」碰一聲，氣急敗壞的父親摔門，走入臥室。望著父親的背影，我的眼淚奪眶而出。

因為在學校搞學運，張德溥訓導長到國泰信託公司辦公室，找上擔任副總經理的父親，還把被韓忠謨院長擋下而事實上未曾發行的《大學新聞》交給父親，其上刊載著對陳玲玉與洪三雄的「懲處公告」。

「洪三雄可能思想有問題，奉勸你，約束你的女兒不要跟他太接近，以免被利用。」

張訓導長走了。父親回到家，我們父女爆發嚴重歧見。那是我這輩子唯一一次，讓父親動怒。

從小到大，父親從來沒有對我說過一句重話。此刻，他的憂心，我的反抗，頭一遭，父女有這麼大的鴻溝。想不到父親的身影，會如此沉重。

（左起）洪三雄、陳玲玉、陳土根、陳盧麗月、洪紹凡於《家門》新書發表會

陳玲玉小時候被譽為「珠算神童」

我是家中長女，深受父親寵愛。小時候，我最喜歡坐在腳踏車後，雙手環著父親，拉著衣角，在巷弄中穿梭。微風一吹，我把頭埋在腰間，聞到盛香堂出品的賓士美髮霜的香味，厚實又溫暖。

小四那年，春節期間，父親載我去親友家拜年，四處走春。只要有人跟他打招呼，他就會喜孜孜的跟大家介紹後座的我。

「這是珠算神童喔，最近報紙刊登的那一個小女生，是我女兒。」

對照父親的洋洋得意，當時的我，還是個害羞的小女生，只想把頭埋到他西裝內層去。

在那個孩子學習才藝極不普遍的七〇年代，我獲得全國珠算檢定三級及格（相當高職程度），是個「新聞」，媒體還稱呼我是「珠算神童」。父親一早就買了報紙，用紅筆圈起來，又紅又大，那張泛黃的剪報，至今還整齊躺在我家的相簿內。

從此以後，演講冠軍、競選模範生海報、入學榜首，媒體上只要有「陳玲玉」三個字，父親一定會用紅筆畫出來，剪貼到相簿內保存。

紅筆在報紙上沙沙的摩擦聲、腳踏車鈴鐺聲、街坊鄰居的稱讚聲，伴隨著我不太輕鬆的童年。我隨時激勵自己，不能漏氣，不能讓父親失望。

潛意識裡，我一直期許自己，一定要高於父親的期望。直到大三，我和洪三雄搞學運，父親才發覺，這個捧在掌心的乖乖女，也令他憂心了。

父親曾經是許多政治人物的軍師、幕僚。政治的富貴與鬥爭，他比誰都清楚。他來自南投集集的貧困農家，因為個性忠誠與聰慧，被第一屆臨時省議會副議長林頂立找去當機要秘書。

林頂立後來因為政治因素，被以「違反糧食管理治罪條例」判有期徒期八年六個月。官場起伏、暴起暴落，看在父親眼中，冷暖自知。

林頂立和嚴家淦交好。保釋出獄後，時任財政部長的嚴家淦，把開放民營保險公司的申請特許，補償給林頂立，籌組「國泰產物保險公司」。「國泰」二字取自「國泰民安」，就是林頂立命名的。剛出獄的林頂立因資金不足，找蔡萬春兄弟加入，我的父親也因此銜命參與後續的國泰金融事業的籌畫。

身為政治人物的貼身幕僚，父親目睹了政治盛、衰、起、落的現實，深知榮華富貴背後的風險殘酷。對洪三雄，他既賞識又擔心，所以在論及婚嫁時，對我倆提出了「不得從政」的告誡，也譜下兩個憤青的政治休止符。

對菊姐的虧欠

「對不起，我不能辯護，我沒辦過刑事訴訟，更不懂軍法審判程序，怕把這場官司打輸了，救不了菊姐。」

一九七九年，美麗島事件爆發後，陳菊的弟弟來找陳玲玉，希望她擔任菊姐的辯護律師。因為涉及軍法審判，陳玲玉很沉重地表示，她不是刑事訴訟或軍事法規的律師，沒有經驗和勝算，不敢接下辯護律師的棒子。

後來我們才發現，那場軍法審判，根本不是「法律」，而是「政治」。在獨裁政權下，法律議題全然只是威權體制下的附庸，公開審判也不過是一場預先安排好的法庭戲劇而已。

「當初是不是應該為菊姐站上法庭，好好的為台灣民主辯護一場？哪怕只是一場演講，改變不了獨裁下的判決，但至少可以喚起社會良知。」陳玲玉至今仍耿耿於懷。

這件沒有接下的委託案，一直擱在我倆心中，長達三十餘年。

（左起）李永豐、李泰宏、陳菊、洪三雄、史哲於高雄紙風車記者會

洪三雄、陳玲玉（中央 2 人）與陳玉華（右 5）、李永豐（右 6）
出席紙風車北斗國小演出謝幕

直到二〇〇六年，陳菊到高雄參選市長，我們得知消息後，立刻去參加她的募款餐會，也找了許多人直接間接幫她加油打氣。

二〇一一年，紙風車兒童劇團到高雄舉辦昆蟲展。為了幫助高雄市政府讓高雄地區六龜、甲仙、杉林、內門、茂林、桃源及那瑪夏等七區偏鄉孩童，能來高雄看展，我號召了一些商界朋友，包括李泰宏（台灣產物保險公司董事長）、蔡天贊（京城建設集團董事長）、謝維洲兄妹、李泰宗伉儷，認養了上千張門票，並解決巴士交通及午餐等問題，讓偏鄉兒童可以有機會親近藝術。

這是我們獻給高雄小朋友的一份心意，也是我們對陳菊虧欠的稍稍補償。

在那場昆蟲展中，看著湛藍的大鯨魚噴起水的歡樂，陳菊也像偏鄉小孩們一樣，開懷歡笑。

想當初，我們跟在郭雨新身旁，她是善解人意的姑娘，圓圓的臉，卷卷的髮絲，就像是收音機唱的〈孤女的願望〉，那種從鄉下來都市討生活，憧憬青春的少女。

一轉眼，我們都已經到了人生的下半場，華髮漸白。只是，永遠渴望改革的年輕靈魂仍在，同志惺惺相惜的情感絲毫未減。

陳菊小我一歲，和陳玲玉同年。我們跟著大伙們喚她「菊姐」。

每一次菊姐看到我，就是一個大擁抱，眾人的場面她也會直呼：「我跟三雄是四十多年的兄弟。」她爽朗的笑聲，有時難免令我覺得疼惜與自責。她一輩子都持續在民主道路上，犧牲奉獻，我卻只能在旁略盡棉薄、偶添柴火。

日前，我到埔里和紀萬生老師敘舊。美麗島事件受刑人假釋之後，呂秀蓮、陳菊等人都曾在紀老師家中暫住好幾個月。紀老師的心目中，陳菊謙虛卻泱泱大度、有骨氣卻能屈能伸，是有所為、有所不為的女中豪傑。

我常覺得，周遭的朋友在大時代中受苦、受難、受囚、受辱。我和陳玲玉雖也歷經許多風波，卻仍可以安然的生活與工作，是老天爺給我們的福份，也應該是上天另外派下的一份任務。

「留我們下來，應該可以繼續為台灣做些什麼？」

既然我們有此福份與能力，就應該回饋給台灣社會，這份使命正是我倆永無止境的追尋。

故鄉來的芭樂

一進辦公室，兩顆渾圓翠綠的珍珠芭樂，擺在桌上。好像眨著頑皮的眼神，跟我對望。

這是故鄉彰化種的芭樂，早上跟著北斗國小的小學生，一起坐遊覽車到台北來看紙風車的昆蟲展。

「要不要順便安排去看一〇一？」贊助偏鄉小朋友來台北看展覽，我詢問他們台北一日遊的行程規畫。

「我們想去西餐廳吃牛排！」小朋友童稚的喊出願望：「我們在鄉下吃牛排只能去夜市。」看似單純的心願，來到都市卻是一場大動員。

要安排五一七位來自各地偏鄉的小朋友，在同一時間吃牛排，著實不易。紙風車團隊與國票福利慈善基金會的同仁，遍尋了大台北地區四個區域的西堤牛排店，招待這些小貴賓吃牛排。

從前菜、主菜到甜點，一餐六步驟，許多小孩都是第一次拿刀叉，看到擺盤精緻的牛排張大了嘴吧，小心翼翼挖著布丁蛋糕，喝到苦澀咖啡吐著舌頭，那種緊張又興奮的表情令人憐愛，我至今仍記憶猶新。

鄉下小孩來都市的那種期待與新奇，我感同身受。為什麼經過這麼多年，我們所遭遇的城鄉差距、貧富不均，依舊是橫亙在下一代？

「謝謝董事長招待我們到台北看昆蟲展，吃牛排。」

我跟大家講：「如果有一天，你們跟我一樣，努力唸書、認真工作之後，在社會上有點小小成就，千萬不要忘了一件事情，記得回到你自己的故鄉，幫助比你弱小的人。」

「看一場戲，吃一頓飯，也許這改變不太多，但是只要每個人都保持著回饋的心，這個社會就會更進步、更溫暖、更有希望。這就是善念的種子，我今天播下第一顆，希望以後你們要繼續播種下去。」

「當一顆善念的種子」，始終存放在我心中，但我需要找到那一份土壤。

我六歲離開北斗後，一直在台北工作，和故鄉連結相當模糊，甚至快要忘了故鄉的模樣。直到紙風車二〇〇六年舉辦「三一九鄉村兒童藝術工程」下鄉。受紙風車董事長柯一正和執行長李永豐的感召，我認養了在故鄉北斗演出的場次。那一夜，我才重新和故鄉有了連結，沒想到卻讓我一頭栽進尋找台灣兒童歡笑的不歸路。

「開演後致詞完，我們就可以溜去吃北斗肉圓。」陳玲玉和我商量著。身為贊助者，只要保持低調、禮貌性出席開演，小露個臉，揮揮手，就可離開紙風車的表演現場。

沒想到那一夜，我們跟現場兩千多位大小朋友，從唐吉珂德的風車挑戰、到吳念真導演口白的「八歲，一個人去旅行」偶劇，一直到全場互動的追風賽狗場，我和陳玲玉又吼又鼓掌，時而起身歡呼，時而手舞足蹈，跟身旁坐的七歲小孩沒什麼兩樣，一起見證了九十分鐘充滿感情的精采演出和觀眾的熱情。

「這真是一個了不起的藝術工程，需要更多的愛與力量去支撐。」陳玲玉看完後，堅定地跟我說：「我們跟他們走下去。」

就這樣，我們擔任「紙風車鄉村兒童藝術工程」的發起人，號召捐助，遊說朋友參與。李永豐笑說，洪三雄與陳玲玉已經成為「紙風車」最大的「詐騙集團」，到處募款。發願和志同道合的人行腳「賣笑」到台灣各角落，散播藝術、善念的種子，期待台灣的下一代有個美好的未來。

一路下去，從三一九、三六八，已經是第九年，觀賞人次超過一一六萬人次，行過三十六萬公里，演了近五五〇場次。

這個活動，全程未向政府拿過一文補助，完全由企業與個人小額捐款，免費下鄉演戲給小孩看，被稱為台灣最大的文化運動。我創造了一句募款對句「囝仔愛看戲，大人逗出錢（台語）」，被吳念真選作「紙風車」的Slogan。

花了六年，「紙風車」走完台灣三一九鄉鎮。二〇一二年冬天，進入第二次巡演的「三六八鄉鎮市區兒童藝術工程」在台北的自由廣場首演時，當天寒流來襲，開演前下起傾盆大雨，老天爺一開始就預告了這項預計須走七年的公益活動，起步並不輕鬆。

當晚在台上飾演「時光仙姑」開場的陳玲玉說：台上積水處處、演員奮力跳躍演出。台下六千五百多名觀眾，穿著善心人士捐贈的大小黃色雨衣，全程看完表演，以熱情回報對戲劇下鄉的支持。當台上傳來吳念真的聲音說：「各位小朋友，不管今天帶你來的是爺爺、奶奶、爸爸還是媽媽，請你轉向他們，擁抱他們，跟他們說：『我愛你！』」台下的孩子們紛紛擁抱他們的至愛。望著雨中數仟人的擁抱，讓她分不清楚臉上是淚水，還是雨水。

我倆身處自由廣場，彷彿回到小時候在老家廟口旁，搬著板凳，讓野台戲串聯起人與人之間的單純與愛。孩子的笑容，更觸動了都市人內心底層、冰封已久的冷漠。

不管是童年或是壯年，對土地的寄託與牽掛，都是一輩子的懸念。

只要有生之年，有能力執行，就要把心底的自己與故鄉的距離，再拉近一點。

永不中斷的追尋

時間過得好快，一轉眼，我倆從活力十足的的憤青，已升格為孫子口中的「三爺

洪三雄、陳玲玉與 6 歲的孫子一起主持紙風車公演

（左起）洪三雄、陳玲玉、吳念真於兒童「快樂學習協會」

與玉婆」。

「三爺、玉婆，我們去高雄義大玩，要去找陳菊嗎？」六歲孫子的問話，讓我驚覺，他竟然認識我們口中的朋友，就像小時候我記得我爸爸的朋友。

看到寶貝孫子聰明伶俐的樣子，我跟洪三雄常想，我們一生奮鬥，要讓台灣更好，不就是為了不辜負台灣新生代那一雙雙純真眼神的期待？

當初賭命換來的政治改革，已經變成今日舉國皆可公論、百無禁忌的全民運動。傲慢的執政者，也被選民用政黨輪替來教訓了好幾回。

我們那一代艱難困苦爭取的民主、自由，表面上看似更開放了，更接近理想了。但實際上並非如此。

二次大戰後，是機會與挑戰並陳的年代。現在台灣檯面上，主掌台灣命脈的當權者，幾乎都是我們那個世代的人，他們自許創造了歷史，滿口大是大非、仁義道德，但多少人在暗地裡卻也同步在自私地掠奪資源、污穢民主。

這也是看到二〇一四年太陽花學運事件後，我和洪三雄最大的感觸。

三一八太陽花學運之後，五四運動紀念日的前一天，「殷海光基金會」在殷海光故居舉辦了一場座談會，應邀演講的洪三雄對台下的同學說：「今天的運動，對你們來講，是未來的爭取。對我而言，是餘生的奉獻。」

這裡曾經是殷老師被軟禁的日式宿舍。師母離台前栽種的羅漢松挺拔矗立，石桌旁的芭蕉冒出串串果實懸掛著，池畔的野薑花暗浮飄香，殷海光鍾愛的楓香，也還在他的書房前搖曳。我和洪三雄在石桌旁坐著，安靜對望。

多麼熟悉的眼神啊。

我對洪三雄說：「四十多年了，我們好像都沒改變喔？」

是啊，只要心中自由、民主的種子不滅，終究會遍地開花。

因為，在我們心中……

一直住著那個十九歲的女孩與二十歲的男孩，

還有那份未曾改變的信念：

「只要一直活在理想的追尋之中，人生必將充滿希望！」

「從台大到台灣，我們將永不中斷的追尋！」

〈後記〉

風起

陳玉華

「本書總共出現兩百五十二位人名。」

初稿完成，陳玲玉律師傳來簡訊，一本法律人的推敲與精確。

「兩百五十二位？」

我著實被這個數字嚇著。

他們為何會從我的鍵盤中竄出？如今想來，不可思議。

從事媒體多年，我一直跟採訪對象保持距離。

陸續有寫書邀約，但我未曾動念過。

在歷史的鏡子中，人性要經得起時間檢驗。在我的採訪對象中，這種人，很少。

去年太陽花學運爆發後，我到殷海光基金會採訪陳玲玉與洪三雄座談會，當天，只有我一位媒體到場。

我一邊打稿，一邊閃神，瞄著窗外那一株楓香，樹影在陽光下搖曳，風一吹動，樹葉層層堆疊，溫柔的向天空招手著。

五十年前，殷海光在書房前種下，沒多久，他在國民黨的監視下，抑鬱而終。

「他一定不知道，這株楓香，後來，長得如此強壯、豐美。」

兩位案主，後來跟我提及要寫七〇年代的台大學運事件。

「留在腦海的，是記憶；寫下來的，是歷史。」

就這樣，他們說服我，接下了這樁從未執行過的書寫計畫。

進入一場浩瀚、漫長、幽暗的文字隧道工程。

書寫半年期間，我逢人就問：「七〇年代，你在幹什麼？」

我只記得，退出聯合國時，自己最好的玩伴，全家移民到阿根廷。

蔣介石過世時，電視上群星會的歌星服裝閃片都不見了。學校制服袖口，得縫上一塊黑紗，去雜貨店買醬油時，留著山羊鬍的老闆，怒目瞪著：「幹，尹兜死人，全台做孝男……」

我嘟著嘴，很想回罵山羊阿伯：「你怎麼可以不愛國？」

台美斷交時，全校海報比賽，我按照報紙新聞照片：「青年學生包圍美國副國務親克里斯多夫　憤丟雞蛋」，依樣畫葫蘆，竟得特優。獎品是最新「雄獅三十六色粉蠟筆」，我驚喜的抱著獎品四處炫耀。
那是一個喧嘩又繽紛的年代。
洗腦、動員，悲喜交加，成為我七〇年代的荒謬童年。
愛過、騙過、恨過、期待過……
純真又生猛的年代。事隔多年，我又重新參與過。
自己成長於野百合世代，二〇一四年因太陽花學運，意外挖出四十年前的禁忌青春。
每個世代都帶著傷口與期待，歷史總是不留痕跡地撫慰著我們。
謝謝洪三雄董事長與陳玲玉律師，體貼相伴，當我深陷文字隧道時，他們一路提燈，排除障礙，發揮四十多年前《台大法言》的強勁筆力，一稿N校的拼勁，補足我的疏怠。
也謝謝紙風車兄弟姊妹們，沒有他們蠢勁與義氣的感染，大家無法情牽四十年，產出這樣一本書來。

國家圖書館出版品預行編目資料

也追憶似水年華：永不中斷的追尋 從台大到台灣／
洪三雄，陳玲玉口述. 陳玉華 撰文. -- 初版 -- 臺北市：
圓神，2015.07
304面；14.8×20.8公分 --（圓神文叢；174）
ISBN 978-986-133-536-0（平裝）

1. 學運　2. 臺灣
527.86　　104006352

Eurasian Publishing Group
圓神出版事業機構
用心與你對話・視野無限寬廣
圓神出版社
Eurasian Press

http://www.booklife.com.tw　reader@mail.eurasian.com.tw

圓神文叢 174

也追憶似水年華——永不中斷的追尋 從台大到台灣

口 述 者／洪三雄・陳玲玉
撰 文 者／陳玉華
發 行 人／簡志忠
出 版 者／圓神出版社有限公司
地　　址／台北市南京東路四段50號6樓之1
電　　話／（02）2579-6600・2579-8800・2570-3939
傳　　真／（02）2579-0338・2577-3220・2570-3636
郵撥帳號／18598712　圓神出版社有限公司
總 編 輯／陳秋月
主　　編／吳靜怡
責任編輯／尉遲佩文
美術編輯／劉鳳剛
行銷企畫／吳幸芳・荊晟庭
印務統籌／劉鳳剛・高榮祥
監　　印／高榮祥
校　　對／洪三雄・陳玲玉・陳玉華・吳靜怡・尉遲佩文
排　　版／杜易蓉
經 銷 商／叩應股份有限公司
法律顧問／圓神出版事業機構法律顧問　蕭雄淋律師
印　　刷／祥峯印刷廠
2015年7月　初版
2024年4月　11刷

定價 320 元　ISBN 978-986-133-536-0